KB233143

연금제도의 변증법

- 재분배성과 사회적 적절성-

연금제도의 변증법

-재분배성과 사회적 적절성-

김 철 주 著

KCSi 한국학술정보[주]

책머리에

이 글을 학위논문으로 제출한 지 벌써 7년이 다 되어 간다. 생각해 보면 힘든 시간이었지만 다시 읽어 보면 부끄러워지기 마련인 것이 글이다. 특히 사회정책 관련 저술들은 빠른 시대적 변화와 급증하는 국민들의 정책적 욕구를 따라 잡아야 하니 시간과 함께 그 빛이 바래지기 마련이다. 그래도 이 글을 출판하려 하는 것은 수치는 변해도 경향은 변하지 않기 마련이라는 생각과 새로운 도전을 위한 매듭짓기로서 어느 정도 의의가 있다고 생각했기 때문이다.

1980년대에 대학에 입학해 사회과학을 공부하던 무렵에는, 당시를 사로잡고 있던 과학적 사회변혁의 패러다임에 대한 집단적 몰두에서 자유로울 수 없었다. 당연하게도 온통 관심을 갖게 된 것은 19세기 말의 독일과 20세기 초의 러시아일 수밖에 없었다. 1980년대에 그 당시를 공부한다는 시대적 격차를 생각할 겨를도 없이 누구나 빠져들었던 변혁의 논리를 벗어나서 1990년대에는 보다 현실적인 개혁적 모토를 찾아봐야만 하는 상황이 도래하였다. 고민이 없었던 것은 아니었지만, 새로운 거대 패러다임으로서 복지국가를 고찰한다는 것은 여러모로 변화된 상황이었다. 현실적으로 불가능해진 사회적 변혁과 변혁에 대한 열망과 실망을 접고, 보다 구체적인 현실적 개혁을 추구하면서도 거대 서사의 유혹에서 벗어나지 않는 길로서 선택한 것이 복지국가에 대한 탐구였다. 그러나 그 당시에 우리가 보고 있던 복지국가는 이미 현실적 위기를 겪고 있는 유동적 대상이 아니라 호황기의 복지국가였다. 이 글이 분석대상으로 삼고 있는 복지국가(들)의 발전상 역시 위기에 막 들어선 1980년대의 복지국가(들)이다. 다시 말해서 현실적 변화의 세계적 수준에서 나는 여전히 시간적 격차를 보여주는 뒤쳐

짐의 현상을 받아들일 수밖에 없(는 상황이)었다. 다행히 논문을 마치고 연구의 끈을 놓지 않은 까닭에 이제는 시대적 동시성을 유지하면서 '복지국가의 재편', '복지체제론', '복지국가 최신화(modernization)' 등의 주제를 놓고 고민을 지속하고 있다.

이 글에서 다루고 있는 연금제도는 복지국가의 핵심적 제도라고 볼 수 있다. 연금제도가 차지하는 비중은 양적인 차원에서뿐 아니라 내용적인 측면에서도 압도적인 성격을 보여준다. 급격히 진행되는 노령화와 맞물려서 노후의 소득을 보장한다는 것은 현대사회의 가장 큰 아젠다일 것이다.

노후를 보장하는 다양한 방식 중에서 공적 연금제도를 통해서 소득을 유지한다는 것은 두 가지 의미를 지닌다. 노인에 대한 경제적 부양을 공적(public)인 방식으로 제공한다는 것, 그리고 이 제도를 통해서 노후의 소득 불평등을 완화한다는 것이다.

공적인 방식으로 노후소득을 보장한다는 것은 다음과 같은 의미를 지닌다. 국가가 노후소득보장의 주체로 나서는 것은 노후의 다양한 경제적 위험과 근로시기에 개별적 노후준비의 어려움을 동시에 덜어주는 효과를 제공한다. 이처럼 집단적 부양체계의 등장은 개별적 부양의 어려움과 비효율성을 덜어 줄 뿐 아니라 세대 간 연대의 토대를 낳는다. 복지국가는 공적 연금제도를 통해서 세대 간 통합을 가져오는 하나의 기제로 작동하게 되는 것이다.

노후의 소득 불평등을 완화한다는 것은 두 가지 측면에서 고찰될 수 있다. 먼저 빈곤계층의 노인들에게 최소보장을 제공함으로써 노년의 비참함을 사전 예방함과 동시에 빈곤노인의 생계를 유지할 수 있게 해 준다. 또한 대부분의 공적 연금제도가 제도 내부에 소득의 수직적 재분배를 가능하게 하는 요소들을 포함함으로써 근로세대의 불평등이 노인세대에서 완화되는 제도적 요소를 포함한다.

이 글은 이 두 가지 의미에 착안하여 사회적 적절성(social adequacy)과 재분배성(redistribution)을 평가해보고자 하는 시도였다. 높은 적절성은 갖는 나라의 연금제도와, 재분배성을 갖는 나라들의 제도적 차이는 존재하는가? 존재한다면 왜 그런 차이가 나타나는가 하는 것이 주된 관심사였다. 좀 더 포괄적으로 말한다면 연금제도의 유형론과 발전론을 구성해보려는 시도였다.

야심찬 시도였지만 지나고 보니 초라하기 그지없다.

아쉬움을 달래 줄 수 있는 것은, 사회복지의 발전과 변화에 대한 꾸준한 관심과 매일 매일의 성실한 읽기와 쓰기를 하겠다는 다짐, 그리고 여전히 사회와 역사에 대한 관심의 끈을 놓지 않겠다는 각오 정도일 뿐이다.

목 차

I. 서 론

1. 문제제기

1997년 후반부터 한국을 공습한 경제공황은 경제 침체와 실업의 만연을 가져왔고, 이에 뒤따른 이혼, 가출, 자살의 증가 그리고 범죄 등의 급격한 확산은 생활양식의 피폐와 더불어 한국적 발전모델에 대한 심각한 회의를 동반하게 되었다. 이에 대한 반성은 여러 차원에서 진행되었다. 한국적 경제발전 모델의 한계에 대한 논의에서부터 기업 및 국가 운영방식의 절차적 합리성에 대한 비판, 시장의 원활한 운영을 위한 규제의 철폐 등, 다양한 위기 해결책이 제시되었다. 이러한 논의 중에서 새롭게 국민적 공감을 얻으면서 등장한 것이 '사회적 안전망(safety net)으로서 복지체계의 국가적 수립'이라는 명제일 것이다. 경제가 활성화되고 성장이 반복되던 시기에는 주변적 위치에 불과했던 사회복지의 확립에 대한 요구는 경제공황을 기점으로 하여 폭발적으로 증가하는 실업자, 결손가정의 확대, 빈곤의 만연, 범죄의 확산 등에 대한 대비책으로서 중요성을 인정받기 시작했다. 이러한 사회적 배경을 통해서 실업보험의 확대, 의료보험의 통합, 4대 보험의 통합관리 방식 도입, 공공근로사업의 확대 등이 논의 및 실행되고 있다.

그러나 새 정권에서 나타나고 있는 복지제공을 위한 노력은 사회적 안전망으로서의 사회복지제도의 체계적 구성과 실질적인 복지급여의 제공, 그리고 전 국민적 시민권으로서의 복지권 확립 등으로 정리할 수 있는 보편주의적인 복지국가의 수립과는 일정한 거리를 두고 있다고 볼 수 있다. 다시 말해서 장기적인 차원에서 복지국가로의 이행보다는 급증하는 복지요구의 확대에 대한 단기적 대응을 통해서 일시적

14

효과를 추구하는 대증(對症)요법으로서의 성격을 보여주고 있다고 여겨진다. 이러한 현실은 기존의 한국복지가 보여주었던 '잔여적 복지국가'의 모습을 반복하는 결과를 가져올 가능성이 높다. 시장의 실패에 대한 보충물로서의 복지, 가족과 자선단체 그리고 종교적 자선에 의거한 복지의 제공이 실패했을 경우에만 개입하는 국가의 모습 등이 새로운 복지도약의 분기점에서 여전히 나타나고 있다고 볼 수 있다.[1]

　이처럼 사회복지가 하나의 사회적 의제로 등장하고 있는 현실에서 사회복지에 대한 연구도 새로운 전환점을 마련하여야 한다고 여겨진다. 이러한 전환점의 구성은 먼저 기존의 연구[2]가 보여주었던 단편적

---

1) 최경구(1998)는 한국 사회복지 발전의 내용적 특성에 대해서 '선전적 형식성'과 '잔여적 기형성'을 갖는다고 지적하고 있다. 여기서 잔여적 기형성이란 국가가 가능한 최소한의 복지만을 책임지되 그것도 편의적인 방법을 사용함으로써 본래의 사회복지가 지니는 사회적 기능을 제대로 수행하고 있지 못한 것을 말한다. 그것은 비체계성과 불평등성, 그리고 불충분성으로 나누어 볼 수 있다(최경구, 1998: 89-92).
2) 위기 이전에는 물론 그 이후에도 한국의 사회복지가 낮은 수준의 발전 정도를 보여준 데에는 여러 가지 원인이 있을 수 있으며, 그에 대한 탐구도 다양한 측면에서 진행되었다. 가장 먼저 지적될 수 있는 것은 복지 주체의 미형성 혹은 미약성이 될 것이다. 서구의 복지국가 발전을 추동했던 강력한 노동계급의 사회적 영향력과 정치적 역량을 경험하지 못한 한국에서는 사회복지의 확대 자체가 국민적 의제로 제기되기 어려운 현실이었으며, 한국복지의 미발달을 가져온 원인으로 지적될 수 있을 것이다(최경구, 1998). 사회복지의 발전에 대한 이데올로기적 접근에서 보면, 한국의 복지 발전은 분단과 전쟁을 거치면서 형성되기 시작한 '구호와 빈민구제의 전통' 속에서 진행되었으며, 이러한 전통은 국민들에게 복지에 대한 부정적 인식을 심어주게 된다. 이처럼 사회복지가 시민권의 차원에서 확립되지 않고, 구호와 공적 부조의 제공으로 인식됨으로써 한국사회에서 복지발전에 대한 국민적 공감대의 부재도 한국복지의 미발달을 가져온 또 다른 원인으로 지적될 수 있을 것이다(김영모, 1991). 이외에도 국가구조 및 제도적 유산과 관련시킨 연구(정무권, 1996), 국가와 자본의 노동통제 전략의 일환으로서의 한국복지발전을 고찰한 연구(성경륭, 1996), 기업복지의 발전 과정을 중심으로 살펴본 한국복지발전에 관한 연구(최균, 1991) 등이 한국 복지제도의 미발달을 부분적으로 설명하고 있다.

인 시각에서 벗어나 사회복지에 대한 체계적인 인식 및 대안을 제공할 수 있는 문제틀을 형성하는 작업이 될 것이다. 이러한 문제틀의 구성은 기존의 사회복지 이론에서 제공되었던 '유형론', '발전론', 그리고 역사적 과정을 통합적으로 연구할 수 있는 '일반론의 구성'으로 나타날 수 있다.

또한 '전체로서의 복지제도'에 대한 포괄적인 연구에서 한 걸음 더 나아가 '개별적 복지제도'에 대한 각론적 분석을 통해서 사회복지 이론의 내적 심화를 수행하는 작업도 필요하다고 여겨진다. 이처럼 연구대상을 구체적인 복지제도로 제한하는 것은 과도하게 총론적인 연구방식이 보여주었던 추상적인 이해를 넘어서 보다 심층적인 분석으로 나아갈 수 있는 기회를 제공할 것이며, 또한 이러한 연구를 통해서 사회복지의 연구지평을 내적으로 심화시키는 결과를 가져올 것으로 볼 수 있다. 이상과 같이 '사회복지에 대한 일반론'과 '개별 제도에 대한 각론'을 효과적으로 결합시키는 것이 이 연구에서 시도해 보고자 하는 주요한 과제이다.

2. 연구의 대상과 방법

이 연구는 OECD 18개국의 공적인 연금제도를 연구대상으로 삼고 있다. 연구대상으로서 연금제도를 선택한 것은 사회복지에서 그것이 차지하는 높은 비중, 인구구조의 고령화와 관련된 장기적 전망, 그리고 정부 재정과 관련하여 연금제도가 차지하는 영향력 등을 감안하여 이루어졌다.

OECD 18개국의 연금제도에 대한 연구방식은 앞에서 지적했던 일반론의 구성과정으로 볼 수 있을 것이다. 이는 다시 말하면 연금제도의 발전 정도를 비교하고 체계의 성격을 분석하는 '유형론', 그러한 발전 유형을 가져온 원인에 대한 탐구를 하는 '발전론', 그리고 이를 토대로 하여 제도의 도입 및 발전과정에 대한 '역사적 고찰'의 세 가지 부분으로 나누어 순서

대로 살펴보도록 할 것이다. 각 부분을 구성하는 연구방법을 간략히 살펴보자.

먼저 유형론에 대해 살펴보면 다음과 같다. 유형론은 사회복지이론의 발전에서 중요한 역할을 해왔으며, 다양한 논쟁과 연구방법의 도입을 통해서 국가별, 제도별 유형에 접근하는 모습을 보여주고 있다. 이러한 연구를 분류하여 보면, 양적인 측면에 의거한 분류와 질적인 성격에 따른 분류, 그리고 성취도(performance) 수준에 의한 분류로 나누어 살펴볼 수 있다. 양적인 측면에 의한 유형화 작업은 콜(Kohl)의 작업에서 전형적으로 나타나고 있다. 그는 '사회복지비 지출이 그 나라의 GDP에서 차지하는 상대적 크기에 의거한 국가별 유형화'를 시도하였다(Kohl, 1981). 그의 연구에 따르면 OECD 국가들은 GNP 대비 사회보장비 지출의 규모에 따라 30%대의 선진국가군(벨기에, 네덜란드, 스웨덴), 20%대에 이르는 복지중진국(영국, 핀란드 등) 그리고 10%대에 그치고 있는 복지후진국(미국, 일본, 뉴질랜드)으로 분류될 수 있다. 그러나 양적인 측면에 의거한 국가별 유형화 작업은 많은 위험을 안고 있다. 이러한 위험은 각 국가마다 사회복지 지출에 포함되는 항목이 다를 수 있으며, 국가별 지표의 다양한 편차 때문에 단순비교의 위험성을 벗어나지 못 할 가능성이 있다. 또한 지출비율의 높고 낮음을 비교하는 것은 사회복지 지출의 성격을 구분하지 못하는 어려움이 있다(김태성 외, 1993: 166).[3]

따라서 복지국가의 유형화 작업에 가장 많이 사용되는 것은 질적인 성격에 의거한 분류방식이다. 르보(Lebeau)와 윌렌스키(Wilensky)에 의해 시도된 연구는 '사회복지제도가 그 사회에서 차지하는 위상'에 의거하여 국가별 분류를 시도한다. 이러한 분류방식은 두 가지 형태의 복지 유형을 가져왔다. 그것은 '잔여적 복지(residual welfare)제도'와 '제도적 복지(institutional welfare)'로 불리워지는데, 잔여적 복지란 가정 및 시장 등

---

3) 플로라와 알버는 주요 사회복지 프로그램의 도입 시기에 따른 유형화를 시도한다(Flora and Alber, 1982: 59).

사회의 정상적인 주요 제도들이 구성원의 복지 욕구를 충족시키지 못하는 경우에 사회보장제도들이 등장하여 이를 보충하는 형태의 복지제도를 의미한다. 반면에 사회복지제도가 사회의 복지 욕구를 충족시켜주는 정상적인 주요(first line) 제도의 기능을 하는 경우에는 '제도적 복지'로 분류할 수 있다(Wilensky & Lebeau, 1958: 138-140). 이처럼 르보 등의 분석은 한 사회에서 시장 및 가족에 대하여 사회복지제도가 차지하는 위치와 성격에 의거한 국가별 유형화로 볼 수 있다. 르보 등의 논의는 복지국가의 유형화를 위한 최초의 시도로 평가받고 있으며, 이후에 전개된 유형론의 발전에 많은 영향을 끼치게 된다. 즉 티트머스(Titmuss), 퍼니스와 틸튼(Furniss & Tilton), 조오지와 윌딩(George & Wilding), 미슈라(Mishra) 등의 작업은 르보 등이 시도하였던 분석방식의 연장선상에 있으며, 최근의 연구로는 에스핑 – 안데르센(Esping-Andersen)의 저작이 주목받고 있다.[4]

그러나 이러한 분석방식은 비교대상이 되는 제도와 국가에 대한 과도한 일반화의 위험을 내포하고 있으며, 비교대상이 지나치게 단순화되어 시대적인 한계와 공간적인 협소함을 뛰어 넘지 못하는 경우가 많았다. 이러한 한계를 극복하려는 시도가 레인워터 등에 의해서 제기되었는데, 그들은 복지국가를 유형화시키기 위해서 정책의 내용을 분석하고 각각의 성취도를 평가하여 유형화를 시도하였다(Rainwater et al., 1986).

레인워터 등이 시도한 분석방식은 개별 제도의 성취도(performance) 수준에 의거한 분류를 시도하고 있기 때문에 복지프로그램의 구체적인 내

---

4) 티트머스는 르보 등과 유사하게 '잔여적' 모형, '산업적 성취'모형, 그리고 '제도적' 유형 등으로 분류하며(Titmuss, 1974), 퍼니스와 틸튼은 복지의 사회적 요구에 대한 정부의 개입형태에 따라서 '적극적 국가', '사회보장국가' 그리고 '사회복지국가'로 분류한다(Furniss & Tilton, 1976). 조오지와 윌딩은 이념의 차이에 따라 '반집합주의', '소극적 집합주의', '페이비언 사회주의', '맑스주의'의 네 가지 유형을 상정한다(George & Wilding, 1985). 그리고 미슈라는 다원적 복지국가와 조합주의적 복지국가로의 양분을 시도한다(Mishra, 1984).

용을 비교하고 분석하는 데 유용하다. 또한 제도의 구체적인 효과를 파악하려 시도하기 때문에, 해당 프로그램의 구체적인 지수들-급여대상, 자격요건, 급여수준, 절단방식, 재분배 효과, 재원조달방식, 급여구성방식 등-을 분석대상으로 삼게 된다. 이는 비교의 무차별성을 어느 정도 해소할 수 있게 해 준다. 또한 각 지수들을 조작화 과정을 거친 후에 양화시켜서 분류할 경우에는 양적 연구가 갖는 장점을 포함할 수 있다. 그리고 각 지수들을 적절한 기준에 의거하여 분류하고 배치할 경우에는 질적 방식이 갖는 제도의 성격에 대한 연구를 내포할 수 있는 장점을 갖게 된다. 따라서 내용적 연구방식은 양적 연구와 질적 연구방식의 장점을 계승함과 동시에 분석의 구체성을 획득할 수 있다. 이러한 분석의 장점은 본고가 선정한 연금제도라는 구체적인 복지프로그램에 대한 분석 및 비교에 유용한 방법적 지침을 제공해 줄 수 있다고 여겨지며, 따라서 제도의 성취도 수준에 대한 연구를 통해서 연금제도의 유형론을 구성해 보고자 한다.

연금제도의 유형론은 내용적 분석방식을 따라 진행되므로 연금제도를 구성하는 개별적 요소들을 분류하는 질적 기준이 필요하게 되는데, 본 연구에서는 '사회적 적절성'과 '재분배성'이라는 정책목표를 사용하여 이를 분류한다. 사회적 적절성과 재분배성은 복지국가 혹은 복지제도를 관통하는 주요한 정책원리를 구성하고 있으며, 이 두 기준에 대한 성취도 여부는 해당 제도의 발전 정도와 성격을 파악하는 데 중요한 잣대가 될 수 있다. 분석의 결과는 높은 수준의 사회적 적절성과 재분배성을 갖는 '분배적 보장형'과 유사한 수준의 사회적 적절성에서 재분배성의 성취도 수준이 높게 나타나는 '단순보장형'과 낮게 나타나는 '소극적 보장형'으로 구분된다.

한편 발전론에 대한 연구는 유형별 발전과정의 상이함과 다양한 양태를 가져온 원인에 대한 해답을 제공하려는 노력으로 볼 수 있다. 기존의 사회복지 발전론은 다양한 편차를 가지고 진행되었다. 논의의 선두를 장식한 것은 '산업화 이론(the logic of industrialism)'이었다. 이 이론적 입장에 따르면 경제발전이 사회복지의 성장을 가져오는 1차적 원인으로 여겨진다.

이 이론의 대표적 학자들인 커트라이트(Cutright), 프라이어(Pryor), 윌렌스키(Wilensky) 등은 '산업화의 정도와 복지국가의 발전 정도 간에 일정한 비례관계를 설정하는 것이 가능하다'는 가정에서 출발한다. 20세기 이후에 본격화된 산업화는 새로운 사회적 요구를 확산시켰으며, 정부에게 이러한 요구를 충족시켜줄 수 있는 자원과 기회를 제공하기 때문에, 이용 가능한 사회적 자원의 확보를 통해서 정부는 복지국가의 발전을 꾀하게 된다는 것이다. 그러나 '경제성장이 복지국가 발전의 궁극적 원인'(Wilensky, 1975: 24)이라는 주장으로 요약될 수 있는 산업화 이론은 경제발전의 수준이 유사한 국가에서 나타나는 복지수준의 차이를 설명할 수 없다는 경험적 문제에서부터 시작하여, 산업화가 가져온 사회적 요구와 정부의 실행 사이의 연결고리를 설명하지 못한 점, 그리고 무엇보다도 복지의 추동세력과 국가의 적극적 역할에 대한 연구에 공백을 드러내게 된다.

반면에 사회민주주의 이론과 국가중심주의 이론은 복지발전의 적극적 행위자로서의 노동계급과 국가의 역할을 강조하고 있다. 복지국가의 발전을 가져오는 원인을 사회계급, 특히 노동계급의 정치권력에 대한 접근 정도로 파악하는 사회민주주의 이론은 '정당체계의 구성이나 정당의 힘이 국가의 개입, 사회·경제정책의 성격을 규정한다'는 가정하에서 노동계급이 어느 정도의 권력자원을 가지고 있는가에 대해서 연구를 집중한다. 코르피(Korpi), 에스핑-안데르센(Esping-Andersen), 쉘레브(Sheleve), 마일즈(Myles) 등으로 대표되는 이러한 연구는 스칸디나비아 국가군의 발달된 사회보장제도들의 존재에 주목하고 있다. 그러나 사회민주주의 이론에 대한 비판은 연구대상의 협소성,[5] 역사적 사례의 반증가능성[6] 등의 비판에 처하고 있다. 국가중심주의 이

---

5) 이러한 비판은 주로 사회민주주의 이론이 스웨덴을 필두로 한 북유럽국가군의 복지체계만을 대상으로 하고 있다는 점에 집중되고 있다. 여기에 대해서는 김태성 외(1993: 150-152) 참조.
6) 이러한 주장은 복지제도의 도입과 설계에 노동계급이 아닌 구지배계급의 주도성이 돋보였던 역사적 사례들이 제공되고 있다(Esping-Andersen,

론은 에반스(Evans), 루쉬마이어(Ruschmeyer), 스카치폴(Skocpol) 등의 주도하에 능동적 국가관을 새롭게 제기하면서 사회복지의 발전에 국가가 기여한 역할을 증명하기 위해서 역사적 과정에 대한 고찰작업을 시도하고 있다. 이러한 연구는 그러나 장기적인 역사적 과정을 대상으로 이루어지기 때문에 개별 제도에 대한 평가에는 부적절한 측면이 많으며, 국가 간 비교에도 어려움이 따르게 된다.

마지막으로 사빌(Saville), 긴스버그(Ginsburg), 아담스(Adams), 고프(Gough), 오페(Offe)와 오코너(O'Connor) 등에 의해 시도된 맑스주의적 이론은 복지국가를 모순적 통일체로 보려고 한다. 오코너의 견해에 따르면 독점자본주의 단계에서 국가는 자본축적(accumulation)과 정당화(legitimization)라는 두 개의 기능적 요구를 부여받는다. 이때 사회복지의 확대는 정당화의 요구를 관철시키려는 노력의 일환으로 볼 수 있는데, 사회복지의 확대가 자본축적 요구와 충돌하지 않는 범위 내에서 진행된다는 의미에서 두 가지 기능은 대립적인 요소를 갖게 된다. 결국 맑스주의적 관점은 복지의 발전을 독점자본주의 단계에서 국가의 기능적 필요성의 관점에서 파악하고 있으며, 이러한 필요성의 궁극적 배경에는 독점자본의 자본축적 요구가 내재해 있다는 점에서 부정적인 관점을 내포하고 있다고 볼 수 있다. 그러나 맑스주의 이론은 경제적 결정론의 혐의를 벗어나지 못하고 있으며, 따라서 지나치게 거시적인 분석틀을 사용함으로써 경험적 분석에 사용되기에는 어려운 점을 보여주고 있다.

이처럼 기존의 복지발전론은 다양한 이론적 성과를 거두고 있음에도 불구하고 여전히 분석의 한계를 보여주고 있다고 볼 수 있는데, 이는 단일한 이론적 경향이 갖게 되는 내재적 한계라고 볼 수 있다. 따라서 기존의 연구성과들을 바탕으로 하여 복합적인 연구를 통해서 사회복지의 발전원인에 대한 탐구를 하는 방식이 사용되는 경향이 있다.[7] 이러한 분석방식은

1990: 108).
7) 대표적인 경우가 Esping-Andersen의 연구이다. 그는 사회민주주의 이론에

기존 연구의 장점을 수용함으로써 설명의 지평을 확장하고 나아가 종합적 분석의 가능성을 연다는 의미를 갖는다. 또한 발전과정에 대한 종합적인 분석방식은 내용적 분석을 통해 유형화를 시도하고자 하는 경우에 처하게 되는 이론적 편중의 위험을 피할 수 있는 장점도 갖게 된다. 따라서 본 연구에서는 연금제도의 국가별 체계의 발전원인을 분석하는 방식으로 종합적 분석을 도입해 보고자 한다. 이러한 분석방식은 사회경제적 배경으로서 경제적 성장과 인구구조의 변화를 채택하며, 여기서 더 나아가 계급적 변수로서 노동계급의 사회적 정치적 영향력, 국가의 개입 정도 등에 대한 연구를 포괄하는 방식을 수용하고자 한다. 유형별 발전론의 구성은 개별 국가들의 연금제도에 대한 통계적 분석을 일차적으로 시도하고, 통계치가 설명하지 못하는 부분에 대해서는 경험적 연구를 보강함으로써 유형론과 발전론을 효과적으로 결합시키는 시도를 수행하고자 한다. 이러한 작업을 통해서 '분배적 보장형 - 노동계급 주도형', '단순보장형 - 집단주의적 발전형', 그리고 '소극적 보장형 - 시장형'이라는 연금모델의 형성에 이르게 된다.

마지막으로 역사적 과정에 대한 고찰은 각 모델에 고유한 대표성을 보이는 국가들인 스웨덴, 미국, 그리고 일본의 역사적 사례에 대한 연구를 통해서 채워지게 된다. 앞의 두 나라는 각 유형별 모델의 독특성을 잘 보여주는 사례로 여겨지며, 일본의 경우에는 한국과의 유사성에 의거해서 일정한 시사점을 얻을 수 있다는 점이 선정이유가 될 것이다. 각각의 사례에 대한 연구는 해당 유형의 연금제도가 형성되는 과정에 작용한 발전의 요소에 대한 고찰을 병행시킴으로써 앞서 제기한 '연금제도 일반론'의 형성에 접근하게 될 것이다.

서 출발했지만, 노동계급의 영향력에 대한 연구를 넘어서서 제도적 유산, 인구구조의 변화, 경제적 지표, 정치구조의 변화, 관료제의 영향력 등 다양한 변수를 통하여 사회복지의 발전을 분석하려 시도하고 있다(Esping-Andersen, 1990).

3. 연구의 구성

2장은 복지국가를 '전통적 통제국가'와 '근대적 복지국가'로 분류하여 살펴본다. 전통적 통제국가는 빈곤층을 대상으로 사회부조의 원리에 의해 운영되며, 사회부조가 주요한 국가적 제도로 자리잡은 국가를 지칭한다. 반면에 '근대적 복지국가'는 보험료 기여자나 일반 국민을 대상으로 보험원리와 복지원리에 의거해 운영되며, 사회보험과 수당이 중요한 제도적 형태로 자리잡은 국가를 의미한다. 이러한 분류를 바탕으로 2절에서는 연금제도의 기원과 구조를 살펴본다. 연금제도의 도입은 자본주의적 생산방식의 확산과 더불어 진행되었으며, 노동시장의 효율적 유지를 위한 노령노동력의 강제적 퇴장에 대한 반대급부로서 국가적 차원에서 도입되었다고 볼 수 있다. 최초의 도입기에 일부 계층을 대상으로 시행되었던 연금제도는 전후에 본격적으로 확산되었는데, 전 국민을 대상으로 하여 노후에 일정한 소득을 보장해 주는 국가적 차원에서의 제도화가 확립되었으며, 소득 대체율의 꾸준한 증대와 수급대상의 확대가 꾸준히 이루어졌다고 볼 수 있다. 연금제도의 구조는 '사회적 적절성'과 '재분배성'에 의거해서 분석될 수 있는데 사회적 적절성의 확보에 기여하는 요소로서는 적용대상, 대체율, 슬라이드 제도, 수급자격을 들 수 있고, 재분배성의 요소로는 정부의 지원, 기여구성, 급여구성, 소득 상한액 등을 들 수 있다.

3장은 연금제도의 유형화 작업으로 구성된다. 기존의 복지국가 유형론과 연금제도 유형론에 대한 비판적 분석으로부터 출발하는 본 연구의 유형론은 앞장에서 언급한 사회적 적절성과 재분배성을 측정하는 작업을 1차적으로 시도한다. 이는 내용적 성취도에 따른 국가 유형 분석이라는 본 연구의 연구방식을 구체화시킨 시도라고 볼 수 있는데, 이러한 측정을 통해서 분류된 국가 유형은 다음과 같은 세 가지 형태로 나눠질 수 있다. 먼저 높은 사회적 적절성과 재분배성을 갖는 것으로 나타난 5개국의 연금제도를 '분배적 보장형'으로 분류한다. 다음으로는 중상정도의 적절성과 중간정도의 재분배성을 보여주는 8개국을 '단순보장형'으로 분류한다. 마지막으로 '소극적 보장형'은 단순보장형 국가와 비교해서 재분배성에서 큰 차이를 보여주는 5개국으로 구성된다. 뒤의 두 유형을 분류하는 데 중요한 역할을 하는 것은 재분배성의 성취도 차이로 볼 수 있다. 왜냐하면 두 유형의 적절성의 차이는 큰 편차를 보여주지는 않지만 재분배성에서는 높은 차별성을 보여주기 때문이다.

4장은 3장에서 제기한 유형론의 토대 위에서 유형별 '발전론'을 구성하는 작업에서 출발한다. 상이한 발전 정도를 가져온 원인에 대한 탐구가 주요한 내용을 이루는 이 절에서는 기존 발전론에 대한 고찰을 통해서 측정 가능한 변수들을 모두 살펴보는 방식을 택했다. 사회경제적 변수인 인구구조와 경제성장, 계급변수인 노동조합조직률, 노동자당의 득표율과 집권연수, 그리고 국가의 역할을 측정할 수 있는 변수로서 도입연도 등을 측정하고, 유형별로 이러한 변수와 연금제도의 성취도 수준과의 관련성을 고찰하는 작업을 시도했다. 이러한 작업을 통해서 유형별 발전론을 이론적인 수준에서 구성해 냈으며, 이를 통해서 다음과 같은 '연금모델'을 구성할 수 있게 되었다. 분배적 보장형은 높은 노동계급의 사회·정치적 영향력과 밀접한 관련을 보여주고 있으므로 '노동계급 주도형'으로 분류할 수 있으며, 단순보장형 국가들은 계급 간 힘의 균형 위에서 종교적 유산이나 국가주도의 전통으로부터 유래되는 '집단주의적 발전유형'을 가져온 것으로 볼 수 있다. 마지막으로 소극적 보장형 국가들은 노동계급의 영향력 부재를 배경으로 하여 시장의 논리가 연금제도에도 상당부분 관철된 '시장지배형'으로 분류할 수 있다. 두 번째 절은 각 유형에 속하는 국가 중에서 대표성을 보이는 나라를 하나씩 선정하여 연금제도의 역사와 성격을 살펴봄으로써 위에서 구성한 '연금모델'에 의거한 사례연구를 시도하였다. 먼저 스웨덴은 노동계급의 주도성하에 연금제도의 발전이 이루어졌으며, 발전의 각 시기마다 스웨덴 노동계급과 사민당은 적절한 동맹과 유연한 전술을 구사하였으며, 그 결과 스웨덴의 연금제도는 높은 재분배성과 적절성을 확보하고 있음을 확인하였다. 일본은 국가주도의 발전전략의 일환으로서 연금제도가 도입 발전되었으며, 제도의 전환기 때마다 정부와 관료의 주도하에 개선작업이 이루어지는 모습을 보여줌으로써 '집단주의적 발전유형'을 잘 보여준다. 제도의 내용을 살펴보아도 일정 수준의 사회적 적절성을 확보하려는 국가적 노력을 보여줌으로써 재분배성보다는 높은 수준의 적절성을 확보하고 있다고 볼 수 있다. 미국은 노동계급의 영향력이 미약한 반면에 연금 및 제반 사회보장제도의 운영에 시장원리가 깊숙이 개입해 있는 나라로 볼 수 있다. 이러한 상황은 연금제도의 목표인 노후의 생활보장을 국가보다는 시장의 작동에 의존하는 모습을 보여줌으로써 소극적 보장형의 특징인 낮은 적절성과 재분배성을 드러내고 있다.

Ⅱ. 복지국가와 연금제도

　　이 장은 두 개의 절로 나누어서 복지국가와 연금제도의 역사와 구조, 그리고 그 작동원리에 대해서 살펴보려 한다. 근대적인 복지국가는 보험원리와 복지원리의 결합으로 볼 수 있다. 이 두 요소의 대립과 통합을 살펴보는 과정을 통해서 근대적 복지국가가 구성원에 대한 안전망의 제공과 불평등의 해소를 목표로 하고 있음을 확인해 보고자 한다. 한편 연금제도는 자본주의적인 발전의 궤적과 관련시켜서 살펴보고자 하며, 특히 자본주의가 등장시킨 노인이라는 사회적 범주와의 관련 속에서 이해하려 시도하고 있다. 연금제도는 노후의 소득보장을 주된 목표로 하고 있으므로, 연금제도의 복지국가 내부에서의 위치, 기원과 발달에 대한 간략한 소개를 통해서 최종적으로 연금제도의 구조와 원리에 대해서 살펴보는 것이 이 장의 주된 내용을 이룬다.

제1절 '근대적 복지국가'의 구성 원리: 보험원리 대 복지원리

　　사회복지는 사회적 약자들이 사회적 위험(social risk)에 처하게 되었을 때, 그들이 겪게 되는 비복지(diswelfare)를 제거하고 최소한의 욕구수준을 만족시키기 위해 제공되는 급여 및 서비스 일체를 지칭한다. 이러한 사회복지는 수혜대상 및 공급 주체에 따라서 공공복지(public welfare)와 사적 복지(private welfare)로 구분할 수 있다. 사적 복지는 기업복지와 자원복지, 그리고 개인복지로 분류될 수 있는데, 기업복지가 현대사회에 고유한 현상이라면, 뒤의 두 가지 복지형태는 전통사회에서부터 그 명맥을 이어온 것으로 볼 수 있다. 사적 복지가 한정된 대상에 대하여 기업, 자선단체, 가족 등 사적인 단체에서 제공되는 복지를 일컫는 반면에 공공복지는 국가에 의한 운영과 관리를 바탕으로 하여 보다 포괄적인 수급대상을 상정하고 있다.

한편 복지국가란 광의의 의미로 사용되었을 때, 정부가 복지개입을 통해 국민들이 겪고 있는 비복지를 제거하고 그들의 복지를 증진시키려는 노력을 하는 국가(김태성, 1993: 45-6)라고 할 수 있다. 그러나 사회복지의 역사적인 발전과정을 살펴보면 사회보장정책의 이념형, 운영방식, 재정, 급여대상, 수급자격, 정책목표, 그리고 정책원리 등에 따라 일정한 변화를 거쳐왔다고 볼 수 있다.

먼저 제2차대전 이전의 복지국가는 국가가 제공하는 복지의 범위, 포괄도, 실질적인 급여의 수준 등에서 근대적인 의미의 복지국가 – 일반 국민을 대상으로 하여 그들의 경제적 안전과 평등을 증진하는 것을 추구하는 것을 주된 목표로 삼는 국가 – 라고 볼 수 없다. 더구나 14세기에서 19세기 후반에 이르는 시기를 살펴보면 국가는 보편적 복지의 제공이 아니라 빈민들을 대상으로 하는 최소한의 복지정책만을 추구했으며, 이는 빈민통제와 구제를 위한 구빈법적 개입의 전통을 가져왔다. 이러한 전통은 19세기 후반에 독일을 필두로 유럽국가들에 보급되었던 사회보험의 소극적 운영에도 깊은 영향을 끼쳤는데, 한정된 위험(예컨대 산업재해, 질병, 노령 등)만을 대상으로 하여 선별적 인원만을 포괄하는 모습을 보여준다. 이러한 형태의 국가를 '전통적 통제국가'라고 볼 수 있다.

전통적 통제국가는 '사회부조의 원리'에 의거하여 작동하게 된다. 이때 사회부조의 원리는 빈곤층 및 사회의 하층을 주된 대상으로 하여, 일반재정에 의거하며, 욕구 및 자격에 대한 심사를 거쳐서 제공되는 복지의 급여 및 제도들을 총괄한다. 사회부조는 전근대적인 복지원리를 대표하고 있으며, 이를 통해 전통적 통제국가는 빈곤의 완화를 통해서 사회적 ·

경제적 불안을 제거하는 것을 그 일차적인 정책목표로 삼는다. 이러한 정책목표는 통제주의적 정책원리를 낳게 되며, 국가 및 기업에 의한 온정주의의 표현이 된다.

한편 '근대적 복지국가(modern welfare state)'는 대부분 2차대전의 종결과 더불어 그 모습을 드러내기 시작했다. 국가별로 형성된 국가-자본-노동 간의 '화해적 정치구조'가 전쟁과 공황을 겪으면서 제 모습을 갖추고 지속되었으며, 이를 토대로 한 전후의 경제성장은 복지국가의 제도적 발전을 가능하게 하는 배경이 되었다. 근대적 복지국가는, 부분적인 차이는 있지만, 대부분의 국가에서 발전된 형태의 복지제도인 사회보험제도의 도입 및 확장을 통해서 '전 국민에 대한 경제적 안전의 제공과 평등의 추구'를 실현하게 된다. 복지제도의 확충, 수혜자 범위의 확대, 복지예산의 획기적인 증대 등을 통해서 전후의 국가들은 국민들에게 다양한 복지서비스를 제공했으며, 이를 제도화했고 국민적 합의로 정착시켜 왔다.

다른 한편 복지국가는 정부에 의한 사회·경제적 개입이 자본주의적 질서인 시장의 원리를 부정하지 않는 차원에서 진행되어야 한다는 딜레마를 안고 있었으며, 자본주의경제의 원활한 작동을 동시에 추구한다는 의미에서 모순적 위치에 처해 있었다. 구성원들의 경제적 불평등을 확대 재생산함으로써 활력을 얻어 가는 시장의 기제와 경제적 안정과 평등을 추구하는 공공영역의 원리는 복지국가의 형성 및 발전의 전 과정에 걸쳐서 대립하고 충돌해 왔다. 이처럼 복지국가의 내부에는 두 개의 대립적 원리가 충돌하고 있으며, 따라서 특정 시기 특정 복지국가의 발전 정도 및 구조적 특성은 대립적 원리를 추동하는 세력 간의 힘의 완충지대를 구성하고 있다고 볼 수 있다. 이러한 복지국가의 두 측면의 대립은 '시민권과 사회계급의 대립(Marshall, 1964: 78)', '자본주의와 민주주의의 대립(Flora and Heidenheimer, 1981: 22)', '국가와 시장의 대립(Andersen, 1990)' 등으로 불리어왔다. 이러한 대립의 접점을 분석하고 구조화과정을 살펴보는 것이 복지국가에 대한 연구의 일

28

반적인 맥락을 이루어 왔으며, 나아가 복지국가의 국민을 위한 개입의
정도, 개입 시 추구하게 되는 목표, 개입을 추동하는 힘, 개입의 제도
적 형태, 제도의 운영방식 등에 대해 다양한 견해가 표출되었다.

〈표 2-1〉 전통적 통제국가와 근대적 복지국가

구 분	전통적 통제국가	근대적 복지국가	
정책의 이념형	사회부조원리	보험원리	복지원리
운영방식	사회부조방식	사회보험방식	수당방식
재 정	일반재정	보험료 갹출	일반재정
급여대상	빈곤층	보험료 기여자	일반 국민
정책목표	사회적 불안요소 제거	안전망구축	사회적 평등 추구
수급자격	욕구 심사	기여에 의거한 법적 권리	자연적인 법적 권리

본 연구에서는 이러한 대립이 복지국가의 제도와 원리에 투영되어
작동하는 과정을 '보험원리(insurance principle)와 복지원리(welfare
principle)의 대립(Barry, 1985: 467-469)'으로 파악하고자 한다. 이상에서
논의한 복지국가의 역사적 발전과정과 구조는 〈표 2-1〉과 같이 정리될 수
있을 것이다.

표에서 볼 수 있듯이 사회보장정책의 이념형에 의거하여 복지국가의 역
사적인 발전과정을 살펴보면, 사회부조의 원리, 보험원리, 그리고 복지원리
에 의거한 발달의 과정을 보여준다. 따라서 보험원리와 복지원리가 근대적
복지국가를 구성하는 양대 이념이 될 수 있다. 이때 복지원리란 무엇보다
도 제도의 운영이 '빈자에게 유리한 방식으로 진행되는' 원리라 할 수 있
다. 국가는 제반 복지제도의 설립 및 운영에 있어서 복지원리의 관철을
위해서 다음과 같은 원칙을 설정·준수해야 한다. 첫째, 국가는 전체
구성원에 대하여 복지를 제공해야 한다. 전통적 통제국가의 경우처럼
특정한 빈민층만을 대상으로 해서는 안 되며, 일부의 자격 있는 계층

및 집단만을 대상으로 해서도 안 된다. 국가는 국민적 권리로서 복지를 확립해야 하며, 이는 다시 말해서 국가의 구성원은 누구나 복지 수급권을 갖는다는 것을 의미한다. 이어한 원칙을 '보편성의 원칙(principle of universalism)'이라고 할 수 있다. 둘째, 국가는 개개인의 전 생애과정에 겪을 수 있는 삶의 위기에 대처해야 한다. 질병, 실업, 노화, 그리고 재해로 인한 장애 및 소득의 상실 등 현대사회의 개인이 겪게 되는 '생애주기(life cycle)'의 모든 위험에 대해서 국가는 안전망을 제도화시켜놓아야 한다. 이것을 '포괄성의 원칙(principle of comprehensivenes)'이라고 한다. 셋째, 제공되는 급여 및 서비스는 개인의 능력이나 시장에서의 위치, 그리고 기여액에 의거해서 결정되는 것이 아니라 개인의 필요 및 사회적으로 적정하다고 생각되는 수준에 맞추어서 제공되어야한다. 이 원칙은 특히 소득보장과 관련해서 중요한 위치를 차지한다. 제공되는 급여 및 서비스의 질이 사회의 최저한의 생계수준에 못 미치거나 노동시장에 남아있을 때의 생활수준에 크게 못 미친다면, 제공되는 복지의 질은 구성원의 사회·경제적 안전을 보장하지 못하는 결과를 초래할 것이다. 따라서 세공되는 복지의 수준은 무엇보다 최저생계수준을 상회하여야 하며, 이전의 삶의 질적 수준을 일정하게 보장할 수있어야 한다. 이를 '적절성의 원칙(principle of adequacy)'이라고 한다. 넷째, 복지의 제공이 단순히 빈곤층의 구제 차원에 그치거나 기존 삶의수준을 보장하는 차원에서 머무는 것이 아니라 계급 간·세대 간·세대 내에서의 불평등의 정도를 해소하는 방식으로, 즉 소득 재분배의 차원으로까지 나아가야 한다는 원리이다. 특히 계급 간 불평등의 해소는 복지국가를 국민을 위한 안전망의 기제로서 파악하는 데서 더 나아가 재분배를 위한 기제로서 인식하려는 적극적인 시도로 볼 수 있으며, 진정한 의미의 복지국가의 실현을 위한 기준으로 볼 수 있다. 이러한 복지국가의 특성을 '재분배성의 원칙(principle of redistribution)'이라고 한다(김태성, 1991).

이상의 네 가지 원칙은 '사회적 적절성(social adequacy)'과 '재분배성(redistribution)'이라는 두 범주로 구분할 수 있다. 사회적 적절성은 앞의 세 가지 원칙을 포괄하는데 '전체 구성원에 대해서, 전 생애에 걸친 적정한 수준의 복지 제공'으로 요약할 수 있을 것이다[8]. 재분배성이란 '복지의 제공을 통해 사회 전체의 불평등구조의 완화에 기여하는 메카니즘'이 될 것이다.

복지국가의 발전과정을 역사적으로 검토하는 이론적 연구의 대부분은 사회적 적절성의 측면에 초점을 맞춘 채 진행되어 온 경향이 있다. 반면에 복지국가가 사회적으로 일정한 재분배 효과를 갖는 것으로 파악하려는 노력은 주로 복지국가를 복지사회주의와 연결시켜 연구하거나, 노동계급의 권력자원 동원능력에 초점을 맞추는 연구, 그리고 여기서 더 나아가 복지국가를 '계층화의 기제(a system of stratification)'로 파악하는 입장[9] 등으로 대표될 수 있다. 이처럼 재분배적 효과를 갖는 복지국가나 복지제도는 복지국가의 발전과정에서 가장 발전된 형태를 보여주고 있다고 평가할 수 있다.

복지원리와는 대조적으로 보험원리란 급여와 기여, 그리고 수혜대상 등을 결정하는 데 있어서 피보험자의 사회적 지위, 소득정도 등이 그대로 반

---

8) 한편 사회적 적절성의 원리는 일정 부분 보험의 원리와 중복되는 측면도 존재한다. 왜냐하면, 발달된 사회보험은 대상의 보편성이나 수혜의 포괄성, 그리고 급여의 적정성을 일정하게 추구하기 때문이다. 또한 개별적 형평성의 발전 자체가 사회적 적절성의 확대로 나타날 수 있는 여지도 높다. 반면, 개별적 형평성을 추구하는 보험원리는 필요보다는 능력에 의거한, 보다 구체적으로는 급여에 의거한 보장을 주된 축으로 삼고 있으며, 이는 수급대상에 대해 적절하고 보편적인 급여를 표상하는 사회적 적절성과 상충되는 요소로 볼 수 있다. 따라서 사회적 적절성을 복지원리와 관련시켜 파악하는 것은 일정한 타당성을 갖는다고 여겨진다. 즉 사회적 적절성의 획득은 보험원리와 복지원리에 모두의 실현일 수 있지만, 많은 경우에 복지원리의 확장으로 파악할 수 있다.
9) 권력자원 동원론에 관한 대표적인 논의로는 Korpi(1983, 1989)와 Cameron(1984)를 들 수가 있고, 재분배기제로서 복지국가를 파악하려는 시도는 Andersen(1990)을 살펴볼 수 있다.

영되는 원리를 의미한다. 즉 소득보장은 소득수준과의 강력한 관련성 속에서 진행되고 소득 재분배와는 무관한 태도를 의미한다고 볼 수 있다.[10] 따라서 보험원리에 의거하여 복지제도를 운영할 경우에는 시장에서의 불평등이 복지에서의 불평등으로 재생산될 가능성이 높아지며, '안전망과 평등의 기제'로서의 복지국가는 하나의 '거대한 보험회사'로 전락하게 될 개연성을 갖게 된다. 국가는 시장의 기제에 반하는 정책을 인위적으로 구성하지도 않을 것이며 가급적 제도의 작동과 운영에 개입하지 않음으로써 소극적인 태도를 유지하려 노력하게 될 것이다.

보험원리를 구성하는 중요한 요소는 '개별적 형평성(individual equity)'이다. 개별적 형평성은 급여가 기여에 비례해야 하며, 차등적 기여는 차등적 급여를 가져와야만 한다는 입장이라고 볼 수 있다. '복지국가의 위기'의 전 기간에 걸쳐서 복지공격자들이 애용하고 옹호했던 이 원칙은 궁극적으로는 자본주의경제원리가 복지제도에 투사된 것으로 볼 수 있으며, 공공영역에서도 시장의 원리가 관철되어야 함을 주장하는 것이다.

이상에서 살펴본 근대적 복지국가의 이념형과 정책목표, 그리고 정책원리를 〈표 2-2〉와 같이 정리할 수 있다.

---

10) 일반적으로 사회보험은 소득수준에 의거하여 급여를 층화한다. 반대로 수당방식에 의거하는 복지프로그램이 제공하는 급여의 수준은 가족의 가용한 소득에 역비례 관계에 있다. 따라서 복지원리하에서는 현재의 소득이 낮으면 낮을수록 급여는 높아진다. 철학적으로 보면 사회보험은 수급자에게 그들의 노동경력에 의거한 보수를 제공한다. 반면에 복지는 금전적으로 어려운 처지의 사람들을 골라서 가용한 재정적 자원을 보충해주는 것이다. 소득을 제공하는 데 있어서 나타나는 복지와 보험 사이의 이러한 차이는 현대적인 소득보장제도 내부에 존재하는 긴장의 근원이다. 많은 정책 이슈와 문제가 이 차이로부터 나온다.
소득 재분배의 유형이 사회보험과 복지를 통해 구별되는 또 다른 방식은 사회보험하에서는 수직적 소득 재분배 – 부자로부터 빈자에게로 – 가 단지 은연중에 그리고 비효율적으로 시도되지만 사회복지하에서는 공개적으로 그리고 효율적으로 시도된다.(Ozawa, Martha N., 1982: 71-73)

〈표 2-2〉 근대적 복지국가의 구성

사회보장정책의 이념형	보험원리	복지원리	
정책 목표	개별적 형평성	사회적 적절성	재분배성
작동 원리	차등기여/ 차등급여	보편성의 원리 포괄성의 원리 적정성의 원리	재분배의 원리

근대적 복지국가는 복지원리와 보험원리의 갈등적 통합으로 구성되어 있다. 복지국가의 변화과정이라는 것은 이 두 원리 사이에서 한 쪽으로 균형추가 기울어지는 과정으로 볼 수 있다. 따라서 복지원리의 중시 여부는 해당 복지국가의 발전 정도를 측정하는 좋은 지표가 될 수 있을 것이다. 이는 다시 말하면 복지원리에의 충실도는 사회적 적절성과 재분배가 해당 국가의 복지제도들에 얼마나 효과적으로 구현되어 있는가를 나타내는 지표라고 볼 수 있다.

따라서 특정한 복지국가 혹은 복지제도의 발전 정도를 분석하는 데 있어서 '사회적 적절성과 재분배의 실현 정도'라는 잣대를 사용하고자 한다. 이러한 분류방식은 연구대상에 대해 내용적 분석을 실행하는 데 적합한 지표를 제공함으로써 국가 간 비교와 개별적인 제도 간 비교의 기준을 도출하는 데 용이할 뿐 아니라, 제도의 구체적인 작동방식과 그 결과에 접근할 수 있다는 장점을 갖고 있다고 여겨진다.

제2절 연금제도 - 위상과 역사, 그리고 그 구조

복지국가 내부에서 연금제도의 위상을 살펴봄으로써, 연금제도의 중요성을 확인하는 것은 연금제도가 갖는 고찰대상으로서의 유의미성을 확인하는 작업으로 볼 수 있다. 또한 이러한 위치를 확보하기까지 연금제도가 거쳐온 발전의 역사를 살펴봄으로써 연금제도의 현재적 구조와 구성요소를 확인할 수 있을 것이다. 이러한 작업을 통해서 다음 장에서 시도하고자 하는 연금제도의 유형론을 구성하기 위한 이론적 토대와 방법론적 지침을 확인해 보는 작업을 수행해보고자 한다.

1. 복지국가 내부에서 연금제도의 위치

최초로 국민연금제도를 도입한 독일의 뒤를 이어 오늘날 전 세계의 137개국이 어떠한 형태로든 국민연금제도를 시행하고 있다. 국민연금은 거의 대부분의 나라에서 사회보장 프로그램의 핵심적 위치를 차지하고 있을 뿐 아니라, 인구의 고령화 추세, 고령인구의 정치화 추세에 의해 그 비중을 확대시켜 나아가고 있다. 이러한 사실은 1980년대 복지국가 위기의 시기에 대표적인 복지축소국인 미국에서조차 국민연금에 대한 과감한 삭감을 이뤄내지 못한 사실에서도 그 중요성을 시사 받을 수 있다.[11]

복지국가에서 연금제도가 차지하는 비중을 살펴보는 일반적인 방식은 첫째, 국가가 연금제도를 위해 지출하는 재정의 규모에 대한 자료를 검토하는 방법, 둘째, 연금급여가 수혜자에게 미치는 영향, 즉 노인들의 소득원 중에서 연금급여가 차지하는 비중을 살펴보는 방법이 있다.

---

11) 1980년대에 미국의 노령연금의 삭감과 축소를 둘러싸고 벌어졌던 대립과 그 결과에 대해서는 J. Quadagno(1991) 참조.

34

<표 2-3> 선진 산업국가들에서의 분야별 사회복지 지출(1993)

(단위: GDP에 대한 %)

	국민연금	총 사회복지지출
미 국	7.07	15.64
일 본	6.00	12.44
영 국	9.03	22.84
프랑스	12.66	28.73
독 일	11.89	28.27
스웨덴	12.89	38.03

*자료: OECD(1996)에서 재구성

먼저 국가의 재정 지출에 대해서 살펴보면 선진 산업국가의 경우에 <표 2-3>에서 볼 수 있듯이, 미국과 일본을 제외한 대부분의 나라에서 국민연금에 대한 지출이 여타 부문에 대한 지출보다 높은 비중을 차지하고 있으며, 특히 프랑스, 독일, 스웨덴의 경우에는 국민연금에 대한 재정 지출이 GDP의 10%를 상회하고 있다. 이 수치는 국민연금에 대한 지출을 총사회복지지출에 대한 비율로 환산할 경우에는 30-50%에 육박하는 수치로서 재정적 측면에서 국민연금의 중요성을 확인할 수 있게 해준다.

이처럼 국민연금이 높은 비율의 정부 지출을 가져오는 원인은 <표 2-4>에서 살펴볼 수 있듯이 국가의 소득보장 프로그램 중 60% 이상이 국민연금을 위해 사용되고 있기 때문이며, 이러한 경향이 인구고령화의 추세와 맞물려 더욱 강화될 가능성이 있다(김태성, 1991: 83-87).

〈표 2-4〉 선진 산업국가들의 소득보장 프로그램의 분야별 지출률(%)

	국민 연금	아동 수당	질병 수당	실업 보험	사회 부조	기　타
호　주	63	15	2	2	0	19
오스트리아	80	11	4	2	0	4
벨기에	52	22	15	5	2	3
영　국	63	7	12	9	9	0
덴마크	65	16	11	6	3	1
핀란드	70	7	12	4	3	4
프랑스	56	20	11	2	4	7
이태리	67	11	11	3	1	7
일　본	65	3	15	8	6	2
네덜란드	54	15	14	5	12	0
뉴질랜드	56	28	2	0	6	0
노르웨이	68	16	10	2	2	3
스웨덴	62	14	18	4	3	0
서　독	72	3	8	3	4	10
미　국	73	0	4	7	12	4

* 출처: 김태성(1991)에서 재인용

　다음으로 연금제도가 노년의 소득보장에서 미치는 비중에 대해서 살펴보자. 마일즈(Myles)는 "현재 노년층인구의 현금소득 중 60% 이상이 연금에 의한 소득"(Myles, 1984: 40)이라는 사실을 들면서 연금제도가 노년의 소득보장에 미치는 영향을 강조한다. 그에 따르면 영국, 미국 그리고 캐나다 등의 비교적 저발달한 복지국가의 경우에서조차 정부가 제공하는 연금급여가 노인가구의 총소득에 대해서 차지하는 비율이 42-56%에 이르고 있으며, 근로소득을 제외했을 경우에는 3개국 모두 60%를 훨씬 상회하게 된다.

　보다 구체적으로 에스핑 – 안데르센이 계산한 65세 이상 가구의 소득원천은 다음과 같다.

<표 2-5> 65세 이상 가구의 소득원천

	근로소득	자산소득	사적 연금	사회보장급여
캐나다(1980)	27.0	22.6	11.3	37.0
덴마크(1977)	27.7	11.1	10.4	46.9
핀란드(1980)	15.3	7.1	0.3	77.3
독 일(1978)	11.9	11.6	3.9	68.5
아일랜드(1980)	49.1	3.9	12.3	34.7
뉴질랜드(1980)	13.9	18.9	4.4	59.4
노르웨이(1982)	20.4	7.2	0.8	71.5
스웨덴(1980)	11.1	8.8	0	78.1
영 국(1980)	23.8	9.1	5.5	54.6
미 국(1980)	26.8	15.4	5.5	37.3

* 출처: Esping-Andersen, (1990: 86)

이상에서 살펴보았듯이 연금제도에 대한 복지국가의 집중적인 지출 및 관심의 결과, 선진 자본주의국가에서 노후의 삶은 연금제도를 떠나서는 생각할 수 없게 되었다.

이러한 사실은 복지국가에 대한 논의에서 연금제도가 차지하는 비중을 살펴봄으로써 다시 한번 확인될 수 있을 것이다. 많은 이론적 연구에서 연금제도는 복지국가의 발전 정도를 평가하는 데 있어서도 중요한 의제로 등장하고 있다. 다시 말해서 사회복지의 발전과 평가를 둘러싼 논쟁에서 연금제도는 핵심적 위치를 부여받고 있는 것이다. 복지국가의 세 가지 유형을 분석하는 작업에서 연금제도를 그 중요한 지렛대로 삼았던 에스핑-안데르센(Esping-Andersen: 1990)은 다음과 같은 표현으로서 연금제도의 중요성을 지적하고 있다.

(내가 복지국가의 유형화를 논하는 중요한 의제로) 연금을 채택한 이유는 다음과 같다. 연금은 많은 현대국가들의 GDP의 10% 이상을 차지한다. 또한 연금은 노동과 레져, 근로소득과 재분배, 개인주의와 연

대, 그리고 현금관계와 사회적 권리 간의 핵심적인 고리를 구성하고 있
다(Esping-Andersen, 1990: 79-80).

2. 연금제도의 기원과 발달

연금제도의 역사에 대한 연구는 자본주의의 발전과 관련시켜 살펴볼 수
있다. 자본주의적 생산방식이 가져온 퇴직의 법제화와 이에 따르는 노인문
제의 등장은 연금제도의 탄생과 발전을 가져온 사회적 맥락이라고 볼 수
있다. 이러한 역사적 과정에 대한 고찰을 통해서 연금제도의 사회적 기능
과 역할에 대해서 살펴볼 수 있으며, 궁극적으로는 연금제도의 원리와 구
조에 대해 접근할 수 있는 기초를 마련할 수 있다.

1) 자본주의와 노인문제

자본주의의 도입으로 말미암아 사회의 구조와 기능이 복잡해 졌으며, 사
회 구성원들의 삶과 행위양식도 다양해졌다. 특히 18세기 이후에 본격적으
로 도입되기 시작한 자본주의적 생산방식은 사회의 전 범위에 걸친 변화
를 추동하는 동력이었으며, 눈부신 경제성장과 정치 · 사회적 근대화를 이
루어내었다.

반면에 자본주의는 풍요와 성장의 맞은편에 불평등의 심화, 노동의 소
외, 빈곤, 가족의 파괴, 환경문제 등의 다양한 '사회문제'[12]를 부차적으로
생산하게 되었다. 특히 인구의 고령화에 따라 나타나기 시작한 '노인'이라

---

12) '사회문제'란 어떤 사회적 현상이 1) 사회적 가치에서 벗어나고, 2) 상당수
　　의 사람들이 그 현상으로 인하여 부정적인 영향을 받고 있으며, 3) 그 원인
　　이 사회적인 것이며, 4) 다수의 사람들이나 영향력 있는 일부의 사람들이
　　문제로 판단하고 있고, 5) 사회가 그 개선을 요구하며 6) 개선을 위하여 집
　　단적 사회적 행동이 요청되는 현상이라 할 수 있다(최일섭 외, 1995: 25).

38

는 사회적 범주[13]는 자본주의적 생산방식이 빚어낸 부산물인 동시에 사회적 부담이었다. 지속적으로 증가하는 '퇴직한 고령의 인구들'은 경제적으로 곤경에 처했을 뿐 아니라, 사회적으로도 고립과 소외를 경험하면서 급속하게 사회문제화하기 시작했다.

노인문제는 일반적으로 "노인에게 공통적인 기본적 생존과 발전의 욕구나 문제를 노인 자신이나 가족의 노력으로 해결하지 못하는 상태"로 정의될 수 있으며, "경제적 어려움, 건강보호의 어려움, 역할상실과 여가선용의 어려움, 고독과 소외 및 갈등을 느끼는 현상 등을 포함한다"(최일섭 외, 1995: 27)고 할 수 있다.

〈표 2-6〉 OECD 18개국의 인구구조 변화

비 고	1960	1996	비 고	1960	1966
호 주	8.5	12.1	이태리	9.0	15.8
오스트리아	12.2	15.0	일 본	6.1	14.5
벨기에	12.0	16.1	네덜란드	9.0	13.3
캐나다	7.6	12.2	뉴질랜드	8.7	11.6
덴마크	10.6	15.1	노르웨이	10.9	15.9
핀란드	7.3	14.4	스웨덴	11.8	17.3
프랑스	11.6	15.3	스위스	10.2	14.9
독 일	10.8	15.8	영 국	11.7	15.7
아일랜드	10.9	11.5	미 국	9.2	12.8

* 출처: OECD(1997)

---

13) 노년기에 대한 개념정의는 다양한 기준-생리적 변화, 연령의 정도, 사회적 제도-에 의거하고 있으며 국가별로 차이를 보여준다. 우리나라의 경우는 만 60세를 "還甲年"으로 하는 전통이 전해지고 있으나 생활보호법(1961)에서는 보호노인대상자를 65세 이상으로, 그리고 노인 복지법에서는 노인을 65세로 규정하고 있다.(최순남, 1984: 20-21)

노인문제와 관련하여 가장 주목을 끄는 사실은 현대사회로 접어들면서 노인인구의 수와 비율이 급격하게 증가했다는 것이다. 산업화 초기의 서구 산업사회에서는 노인인구의 성장이 느린 속도로 진행되었으나, 20세기 후반부터는 그 속도가 급격히 빨라지기 시작한다.14) 〈표 2-6〉은 이러한 사실을 잘 보여주고 있다.

이러한 현상은 문제에 처한 노인의 수를 증대시키고, 생산인구의 비율을 저하시키는 한편, 노인들의 문제와 욕구의 해결을 위한 사회적 비용을 증가시켜서 사회의 노인부양부담을 증가시키게 된다. 그 결과 대부분의 국가에서 노인문제는 다음과 같은 네 가지 형태로 정리할 수 있다. 그들은 (1) 소득감소와 경제적 의존, (2) 건강보호문제, (3) 역할상실과 여가활동의 문제, (4) 사회심리적 고립과 소외의 문제 등이다.

경제적 문제에 대해서 살펴보면, 노년기에 접어들면 대부분의 사람들은 개인소득의 감소를 경험하게 된다. 특히 자본주의적 생산방식의 도입과 관련해서 '퇴직'은 결정적인 소득 감소의 원인이 된다. 대부분의 노인들은 퇴직에 따른 사회보장급여의 혜택을 받게 되지만, 그 외에도 계속해서 노동시장에 잔류하거나 부분적으로 노동시장에 참가함으로써, 즉 계속해서 노동에 종사함으로써, 소득의 유지 및 보충을 꾀하게 된다. 또한 자산소득이나 이자소득, 혹은 가족으로부터의 소득 지원 등의 방식을 통해서 경제적 문제를 해결하려고 한다. 그러나 퇴직 전 수준의 소득이나 그것을 웃도는 수준의 소득을 향유할 수 있는 노인들의 수는 극소수에 불과하다. 따라서 대부분의 노인들은 소득 감소에 따른 경제적 의존의 모습을 보일 수밖에 없게 된다.

'건강보호의 문제'는 연령의 고령화와 더불어 필연적으로 나타나는 문제로 볼 수 있다. 사람은 나이가 많아질수록 질병과 손상을 당하는 빈도가 증가한다. 대부분의 국가에서 노인의 상병률은 전 연령의 상병률을 1.5배

---

14) Quadagno는 "1960년에는 65세 이상 인구의 비율이 OECD 평균 9.7%였으나 2040년이 되면 20.2%로 늘어날 것으로 예측된다"고 주장한다(1991: 5).

정도 상회하며, 특히 만성질환의 상병률은 전 연령의 2-3배에 이르고 있다.[15] 더구나 질병상태의 노인들을 보호하는 기관이었던 가족의 규모 축소와 기능 약화는 이들의 간병과 의료서비스의 제공에 많은 어려움을 만들어내고 있다.

퇴직에 따르는 '역할상실과 여가활동'도 노인들에게 있어서는 중요한 사회적 문제로 제기되고 있다. 일반적으로 퇴직은 자신의 가치와 자아상을 뒷받침해주는 직업역할을 상실하게 되는 것이므로 노인에게 사회심리적으로 상처를 주는 경우가 많으며, 뚜렷한 역할을 부여받을 수 있는 활동이나 여가활동이 없으면 자아상실감은 더욱 커지게 된다. 특히 퇴직연령이 이르고, 퇴직 후의 삶을 위한 사회적 프로그램이 부족한 경우에 노인들은 '역할 없는 역할(roleless role)'만을 수행하는 경우가 허다해 진다.

마지막으로 '고립과 소외의 문제'를 일컫는 사회심리적 갈등이 나타난다. 사회변동의 속도가 빨라지는 현대로 갈수록, 세대 간 교육수준의 차이와 이에 따른 가치관의 괴리는 부모와 자녀 간에 소통의 기회를 상쇄하며, 궁극적으로는 노인을 가정의 결정에서 소외시키는 방향으로 나아가게 된다. 이러한 실질적인 소외와 노인들의 소외감은 대부분 상승작용을 일으켜 고립의 문제와 그에 따른 심리적 갈등을 낳게 된다.

2) 노인문제와 사회복지

사회문제의 해결을 위한 국가적 차원에서의 노력을 사회정책으로 볼 수 있다면, 노인문제의 해결을 위한 사회정책은 일반적으로 노인복지정책이라고 볼 수 있다. 물론 광의의 사회정책은 단순히 사회문제의 해결을 위한 후속적인 조치로서의 소극적 성격만을 갖는 것은 아니다.[16] 하지만 이 글

---

15) 노인의 건강보호 문제와 관련한 현황은 이가옥(1994: 94-101) 참조.
16) 일반적으로 사회정책은 "자본주의경제에 의해 끊임없이 발생하는 노동문제나 노동력 문제를 해결하기 위한 자본주의국가의 시책이고, 이것에 의해 비로소 자본주의경제는 그 원활한 운영이 보장"(고영복 편, 1994: 43)된다고 여겨진다.

에서는 노인문제에 대처하기 위한 정부차원에서의 노력에 대해 살펴보는 것이 주된 목적이므로, 개별 노인문제에 대한 정부의 정책적 대응들을 살펴보고자 한다.

노인을 대상 사회복지 프로그램을 개괄적으로 살펴보면, 노인의 건강문제를 대상으로 하고 있는 의료보장이 있고 역할상실 및 고립감의 문제를 다루는 것은 사회적 서비스보장이다. 소득보장과 주거보장은 경제적 의존의 문제를 해결하기 위한 정책적 노력으로 볼 수 있다.

먼저 의료보장은 노인 건강문제의 해결, 즉 질병의 진료와 간호보호 및 의료서비스에 접근할 수 있는 서비스를 말한다. 의료보장은 의료비 지급보장과 의료서비스 접근보장으로 구분할 수 있을 것이다. 의료비 지급보장은 사회보험 방식에 의거한 의료보험과 사회부조 방식에 의거한 의료보호로 구분될 수 있다. 의료시설에 대한 접근보장은 특수의료시설과 요양시설에 대한 접근을 보장함으로써 노인의 의료문제를 해결하려는 노력이라고 볼 수 있다.

이처럼 다양한 정책적 노력은 노후의 생활이 처하게 될 다양한 사회적 위험에 대한 집단적 대응의 결과라고 볼 수 있다. 그런데 이러한 노령의 어려움 중에서 가장 큰 비중을 차지하면서 동시에 여타 문제의 진원지가 되는 것은, 역시 경제적 의존의 증대라고 볼 수 있다. 따라서 경제적 의존을 완화하기 위한 소득보장 프로그램들은 노인복지정책의 핵심을 이루게 된다. 노인의 경제적 문제를 해결하기 위한 프로그램을 노인 소득보장 프로그램이라 하는데 이 프로그램은 노인에게 직접 금품을 제공하는 직접보장과 그렇지 않은 간접보장으로 나누어진다. 한국에서 노인의 소득보장을 위한 프로그램들을 간단하게 정리하면 아래의 〈표 2-7〉과 같이 분류될 수 있을 것이다.

〈표 2-7〉 한국의 노인 소득보장 프로그램

직접보장		간접보장	
구 분	프로그램	구 분	프로그램
사회보험	국민연금 공무원연금 군인연금 사립학교교직원 연금	경로우대	공영시설이용료 할인 버스승차권지급
		취업증진	노인고용 노인취업 알선센터
사회부조	생활보호 노령수당 경로수당	생업지원	매점설치 우선권 전매품판매 우선권
사적보장	퇴직금제도	세제혜택	상속세공제 소득공제

* 출처: 최일섭 외(1995)

　여기서 중요한 역할을 하는 것은 사회보험과 사회부조이다. 근대적 복지 국가가 형성되지 못했거나, 제도적 발전이 아직 미미한 나라의 경우에는 사 회부조의 역할이 높은 것으로 나타난다. 사회부조는 빈곤선 이하의 노인을 대상으로 국가가 일반재정에서 노인의 소득보장을 위한 급여를 제공한다.

　사회부조에 대한 의존은 몇 가지 문제점을 발생시켰다. 첫째, 사회부조 는 엄격한 소득 혹은 자산조사를 통하여 하나의 '시혜'로서 제공되기 때문 에 수혜자로 하여금 치욕을 느끼게 하는 등, 인간 존엄성의 문제를 발생시 켰다. 둘째, 사회부조의 급여를 받기 위해서는 노인들의 저축액이 매우 적 거나 없어야 하는데, 이것은 근로자들의 노후를 대비한 저축의 동기를 약 화시키게 되어 공적 부조 수혜자 수를 더욱 증가시키는 악순환을 초래한 다. 셋째, 공적 부조를 운영하는 데는 많은 운영비가 필요하고 또한 공적 부조의 모든 재원이 정부의 일반예산에 의존하기 때문에 정부 재정의 압 박을 초래하였다.

　사회부조는 무엇보다도 수급대상이 일반 노인이 아닌 빈곤층 노인으로

제한되어 있었기 때문에 노인의 경제적 의존의 문제를 제한적으로만 접근
한다는 한계를 지니고 있으며, 그 운영방식에 있어서도 노인들의 용이한
접근을 배제하는 측면을 드러냈다. 이상의 문제점들로 인해서 공적 부조는
노인복지에서 전반적으로 그 비중이 저하되고 있다.[17]

이처럼 사회부조에 의한 노령의 소득보장은 그 효과를 충분히 발휘할
수 없으며, 빈곤의 제거라는 국가적 차원의 목표에서 보았을 때에도 그 미
미한 성과만을 거두게 되며, 따라서 점차적으로 사회보험 방식인 연금제도
로 대체된다. 특히 퇴직이 일반화되는 시기에는 특정한 소수 계층인 빈곤
층만을 대상으로 하는 사회부조는 사회보장제도로서의 의미를 확보하기에
어려웠으며, 전체 노동자와 중산층을 포괄할 수 있는 공적인 연금제도로의
이행이 필요했다.

앞의 〈표 2-5〉에서도 살펴보았듯이 연금제도를 위한 복지국가의 지출과
연금급여가 가구의 소득에서 차지하는 비중은 연금제도를 복지국가의 핵
심적인 중요성을 갖는 제도로 자리잡게 했다. 이처럼 연금제도는 복지국가
와 노인문제에 핵심으로 등장했으며, 지속적으로 영향력을 확대해 나아간
것으로 보이는데, 본 연구가 연금제도를 연구과제로 선택하게 된 이유도
여기에 있다고 할 수 있다.

요약하면 노인문제의 핵심은 경제적 의존을 중심적인 위치에 두고 있으
며, 이러한 의존은 자본주의 생산방식의 확대와 더불어 도입된 퇴직의 제
도화에서 찾을 수 있다. 노인의 경제적 의존에 대한 사회적 대책으로 나타
난 소득보장 프로그램은 사회부조에서 사회보험으로 변화하는 경향을 보
여준다. 따라서 사회보험으로서의 연금제도가 이 글에서 연구해야 할 대상

---

17) 일반적인 관점에서 살펴보았을 때, 사회부조원리에 의거한 소득보장 프로
그램들은 다음과 같은 두 가지 기능을 수행하는 것으로 여겨진다. 첫째,
빈민의 생활안정보다는 빈민들로부터 초래될 사회적 불안정을 예방하는
데 중점을 둔다. 둘째, 이 프로그램은 빈민들을 노동시장으로 몰아내는 기
능, 즉 노동의 상품화를 촉진하여 값싼 노동력을 제공하는 기능을 갖는
다.(Fraser, 1973: Day, 1989)

으로 자리잡게 된다. 여기서 다루게 되는 연금제도는 사적인 연금이나 개인연금은 제외할 것이며, 국가에 의해서 운영되고 강제성을 갖는 공적 연금제도를 그 대상으로 한다. 국민연금은 통상 노령, 장애, 유족연금의 세 가지로 이루어져 있는 경우가 많지만 이 중에서 중요한 역할을 하는 것은 노령연금이다. 여기서도 연금제도는 주로 노령연금을 지칭하는 것으로 사용된다.

3) 연금제도의 등장과 발전

연금제도는 다른 사회보험 – 산재보험, 의료보험, 실업보험 등 – 와 마찬가지로 자본주의의 등장 및 자본주의적 생산방식의 확산과 더불어 본격적으로 나타나기 시작했다. 노동시장의 유지를 위한 노령노동력의 효과적인 퇴장을 그 주된 목적으로 도입된 연금제도는, 노동자들의 순응적 퇴출에 대한 반대급부로서 퇴직 후 소득의 적정성과 안정성 유지를 그 필요조건으로 삼고 있다. 따라서 연금제도는 연령에 따라 구분되는 '노인'이라는 사회적 범주를 제도적으로 정착시켰을 뿐만 아니라, 국가에 의한 노후보장이라는 과제를 제기하게 된다(Myles, 1984).[18]

한편 연금제도의 등장과 더불어 국가는 다양한 책임에 직면하게 되었다. 무엇보다 먼저 국가는 퇴장한 노동력이 노동시장으로 복귀하는 것을 막기 위해서, 그리고 현업에 종사하는 미래의 노령노동자에게 그들의 노후를 국가적 차원에서 보장해준다는 사실을 보여주기 위해서라도, 퇴직자들에게 적

---

18) 마일즈에 따르면 국가적 차원인 아닌 개인적 차원에서의 저축이나 투자는 소득보장의 정도나 안정성에서 국가가 제공하는 공적급여를 전혀 따라올 수 없다. 이는 현재 노년층인구의 현금소득 중 60% 이상이 연금에 의한 소득이라는 사실에 의해서도 뒷받침된다. 여기서 더 나아가 마일즈는 공적 연금의 구체적인 수급자격, 급여수준, 급여구조에 관한 국가의 정책이 현대사회에서 노년층의 구체적인 생활상태 – 소득수준, 안정성, 자기 정체감 등 – 를 결정한다고 본다.

정한 소득을 보장해 주어야 했으며, 나아가 그들의 삶의 질을 일정 수준으로 유지하려는 지속적인 노력을 경주해야만 했다. 이러한 노력들은 전술한 바와 같이 연금제도에 대한 국가재정의 대폭적인 지원으로 나타나게 되었다. 이처럼 퇴직 후 삶의 안정성과 적절성을 위한 노력 속에서 현대의 복지국가는 '국가재정의 은발화(銀髮化)'(Hudson, 1987)라는 짐을 지게 된다.

① 연금제도의 기원: 19세기

퇴직과 연금이라는 개념은 19세기만 해도 생소한 것이었으며, 2차대전 전까지만 해도 주변적이었다. 노인들에게 퇴직소득을 지급함으로써 빈곤과 가족에 대한 의존 상태로부터 벗어나게 하고, 그들이 재차 노동시장으로 복귀하는 것을 막을 수 있도록 한 것은 아주 최근에 이르러서이다. 사회보장연금은 19세기 말미에 나타나 양차 대전 사이에 급격히 확산됐다. 초기 연금제도의 역사를 간략히 살펴보자.

연금제도의 발전을 가져온 사회경제적 배경은 다음과 같다. 먼저 19세기의 인구의 대부분은 농촌에 거주했으며, 자영업이 주류를 이루었다. 더구나 평균수명이 1900년이 되어서야 50을 넘었다. 근대적 의미의 '노인'이 출현할 수 있는 사회경제적 토양은 아직 성숙하지 않고 있었다. 따라서 이 시기에 노인이란 생년월일에 의해 정의되는 특정 연령집단의 구성원이라는 것을 의미하지는 않았다. 피셔가 말했듯이 이 당시에는 "대부분의 사람들이 그들이 낡아빠질 때까지 일했다"(Myles, 1984: 31).

또한 19세기의 자본주의적 생산방식과 그에 따른 고용상태도 연금제도의 미발달에 한 원인을 제공하고 있다. 19세기 북미의 도시노동자들은 "공장에 고용되어 있는 것이 아니라, 기술자이거나 직공이었다."(Mills, 1951: 5) 이 시기는 구중산층(농민, 상인, 수공업자 등)의 시대로 노동에 종사하는 자유인의 4/5 정도는 재산을 소유했다. 생산적인 자산을 소유하고 있는 노년층에게 정년퇴직이라는 것은, 경제활동에서의 퇴진과 생산자원(가족경영 농지 또는 사업체)을 젊은 세대에게 양도한다는 두 개의 과정을 의미하는 것이었다.

　게다가 공장노동자들 중에서 노년층이 차지하는 사회적 지위와 역할도 현대와는 큰 차이가 있었다. 그들은 초창기의 공장들이 유지했던 전통적인 등급제에 의해 직장에서의 지위를 어느 정도 보장받고 있었으며, 고용주들은 노년노동자들을 보호하고 부양할 책임이 있다는 전자본제적이고 가부장제적인 사회풍조도 여전히 유지되고 있었다.(Bendix, 1956; Haber, 1978; Pentland, 1981)

　따라서 19세기의 정년퇴직이란 규모나 내용에서 사회적 영향력이 미미했으며, 일정한 자산을 가진 소수의 사람들의 자발적인 노동종결을 의미했다. 대부분의 고령층은 생존해 있는 동안 계속 노동에 종사했으며, 경제적 의존, 문화적 소외, 심리적 고립감 등을 겪는 층은 소수에 불과했다. 전체적으로 볼 때, 19세기의 산업사회는 노령연금에 대한 욕구가 미약했던 시기라고 여겨진다. 19세기에 노령층의 경제적 상태를 살펴보면 이러한 상황이 더 분명해 진다. 이 시기에 노령의 소득보장은 퇴직에 부가되는 연금이 아니라 다양한 방식으로 구성되었다. 당연한 현실로서 계속해서 노동에 종사하는 것이 가장 대표적인 모습이었으며, 노동에 종사하는 한 경제적 의존의 문제가 심각하게 제기되지 않았다. 노령의 경제적 안전을 위해 가장 애용되었던 방식은 퇴직하지 않고 계속해서 일하는 것이었다.[19] 둘째는 노동에 종사하지 않더라도, 기존 노동의 응결물인 생산수단을 유산(遺産)으로 대물림함으로써 가족단위의 생계유지가 가능했다. 이 시기에 가족에 대한 의존은 근대적인 의존과는 다른 의미를 가졌는데, 특히 생산수단을 유산으로 남기는 것이 가능했기 때문에 일방적 의존의 형태를 보여주고 있지는 않다. 세 번째 수단은 국가와 교회에 의해 조직된 단체가 제공하는 자선(Charity)이었다. 특히 기독교는 사회복지의 발달에 깊은 사상적 영향을 끼쳤으며, 교회 자체가 복지의 제공자로서의 역할을 수행하기도 하였

---

19) Ball에 의하면 미국의 65세 이상 남성의 거의 70%가 1890년대에도 노동에
　　종사했다(1978: 80).

다.[20) 노령의 경제적 안정 도모를 위해 이용되던 네 번째 수단은 공적으로 제공되는 빈민구제였다. 이것은 정부에 의해 조직된 유일한 소득유지 프로그램이었다. 하지만 이 영역은 사회보험 방식인 연금제도가 아니라 사회부조로 이루어져 있었다. 또한 일반 국민을 대상으로 한 급여가 아니라 특수 계층인 빈민들을 대상으로 하였기 때문에, 전체 노령인구의 소득보장을 위한 역할은 미미했다고 여겨진다. 다섯 번째와 여섯 번째는 국가연금과 사적인 연금이었는데, 19세기에 이것들은 극도로 주변적이었다.

결국 1880년대에 유럽 전역에 도입되었던 비스마르크식 국가연금제도는 19세기의 사회적 조건하에서는 전체 노령인구를 위한 소득보장이라는 근대적 취지와는 거리가 있었으며, 급여의 정도도 최소한의 혜택수준에 머물렀고 과부나 고아, 불구자의 생존을 돕는 정도였다.

② 20세기의 발전 – 자본주의적 생산방식의 확산과 전쟁, 그리고 퇴직제도의 진전

20세기로 접어들기 이전까지의 노년문제란 직업이나 자산을 갖지 못하게 된 일부 노인들의 문제에 국한되어 있었다. 그러나 20세기에 들어서면서부터 이들보다는 고용되어 있는 다수의 노년인구층에게 관심이 집중되기 시작했다. 산업자본주의가 성숙함에 따라 새로운 문제가 대두되었는바, 이것이 곧 노년노동자의 문제였던 것이다. 인구의 노령화는 20세기에 들어서는 모든 산업사회의 특징적인 일면이 되고 있었다.

---

20) 종교가 사회복지의 발전에 영향을 미친 예로는, 19세기 영국에서 기독교 사상이 사회복지 – 특히 자원봉사 분야 – 의 발달에 직접적으로 영향을 주었던 것을 들 수 있다. 실제로 현대의 많은 사회서비스의 기원을 19세기 혹은 그 이전의 종교집단의 활동들에서 찾아볼 수 있다. 복지 제공자로서의 교회의 역할에 대해 살펴보면, 초기에는 빈민과 병자들을 위한 시설보호가 생겨났고, 후에 노인, 맹인, 아동 등을 위한 세분화된 서비스가 개발되었다. 20세기 들어 국가가 이들 기능 중 많은 부분을 떠맡게 되어서야 비로소 종교집단들은 국가가 개입하지 않는 사회복지 분야에서 활동하게 되었다(Higgins, 1981).

20세기에 나타난 변화들 중에서 가장 중요한 것은 자본주의적 생산방식의 전면적인 확산이었다. 특히 자본의 집중과 독점에 의해 소수의 거대 다업종 기업집단들이 지배하는 경제체제가 등장하기 시작했다. 새로운 경제적 지배체제의 등장은 우선 노동과정의 재정비를 요구하게 되었다. 테일러(Taylor)에 의해 구체화된 과학적 경영원칙에 따라 도입된 노동과정의 '숙련화'는 결과적으로 초기 공장에서 채택했던 전통적인 수공업 생산방식의 노동조직을 위협했다(Braverman, 1974; Clawson, 1980). 또한 테일러식의 효율성 추구는 노동과정의 합리화와 더불어 속도개념과 연결되기 시작했다.

노동과정의 재정비로 인해 새로운 노동과정에 '적합한 노동력'이 필요했으며, 이러한 경향이 노년노동자층에게 불리하게 작용했음은 두말할 나위도 없다. 이에 덧붙여 대규모 공황이 유발한 실업사태는 노령노동력에 대한 일차적 정리를 불가피하게 만들었으며 국가경영자들로 하여금 그에 따른 제도적 장치들을 강구하게끔 강제하였다.

이러한 역사적 상황에서 노령보호의 근대적 형태가 나타났다. 사적인 영역에서는 개인적 보험과 집단적 유형의 직업연금이 등장했고, 공적인 영역에서는 공무원연금(civil service pension)이 일반적으로 먼저 등장했으며 뒤이어 노동계층과 자영업자들을 대상으로 하는 사회적 보장을 위한 시도들이 나타나게 된다.

2차대전은 연금발전뿐 아니라 전반적인 복지제도 발전의 분수령이었다. 많은 나라에서 노동운동은 더 이상 주변부에서 맴돌지 않고 정치적 결정의 중심부로 진입했으며 전 국가적인 연대성(national solidarity)의 잣대를 창출하기를 요구하였다. 전쟁으로 인한 인플레와 경기 변동은 구연금체제의 효율성에 문제를 제기했고, 새로운 형태의 전후복지공약이 탄생되는 배경이 되었다. 전쟁은 또한 고도의 공공지출과 조세수준을 요구했으며 이러한 관행은 연금제도의 발전에 긍정적 영향을 끼쳤다.

1950년이 지나면서 정년퇴직제도의 진전이 눈부시게 이루어졌다. 사회보장법에 따른 연금수준이 증가한 것에 영향을 받아 미국 노년 남자의 노동력 참여율은 1950년의 46%에서 1976년에는 20% 이하로 감소했다. 1970년을 시점으로 볼 때 노년 남성으로서 경제활동에 참여하고 있는 노동력은 이탈리아의 경우 13.5%, 스웨덴 12.6%, 네덜란드 11.6%, 독일 11% 그리고 벨기에의 경우 6.8%이었다. 결국 2차세계대전 이후 노년이란 곧 퇴직을 의미하게 되었다(Myles, 1984: 46).

이런 변화의 또 다른 원인으로서 국가의 분배부문에 대한 노력을 들 수 있다. 노동력이 마모되기 이전이라도 임금노동자들이 노동시장에서 퇴진할 수 있었던 것은 국가가 이들에게 제공하는 급여와 수급권을 확장시켰기 때문이다. 결국 20세기 후반기에 들어서서는 정년퇴직제도가 사회적으로 확립되었고, 노년이란 복지국가에 의해 정의되고 유지되는 생애주기의 한 기간이 되기에 이르렀다.

3. 연금제도의 원리와 구조

연금제도에 대한 고찰은 먼저 연금제도에 투여된 작동원리에 대해 살펴보고, 이러한 원리가 구조적으로 실현되는 방식에 대해 살펴보아야 할 것이다. 연금제도를 관통하는 원리는 다른 복지제도나 복지국가를 관통하는 원리와 마찬가지로 보험원리와 복지원리의 갈등적 결합으로 볼 수 있다. 이러한 결합은 앞 절에서 살펴보았듯이 '개별적 형평성'과 '사회적 적절성' 그리고 '재분배성'의 원칙들이 복합적으로 얽혀있는 것을 의미한다. 복지국가의 발전과정과 구조에 대한 논의에서 복지국가의 역사를 개별적 형평성에서 사회적 적절성으로, 그리고 궁극적으로는 재분배성의 실현으로 나아가는 과정으로 파악하고자 했으며, 이는 다시 말하면 개별적 형평성보다는 사회적 적절성의 확보가 그리고 궁극적으로는 재분배성의 실현 정도에 의거해서 복지국가의 성취도 여부를 평가할 수 있다는 인식의 일단을 보여준 것이라고 볼 수 있다. 이러한 평가방식은 개별 복지제도인 연금제도의 원리와 구조를 살펴보는 작업에서도 마찬가지로 통용될 수 있다. 결국 사회적 적절성과 재분배성이라는 목표가 연금제도의 구체적인 운영과 형식, 그리고 내용 속에 얼마나 실현되고 있는가를 통해서 연금제도의 발전 정도를 파악할 수 있게 될 것이다.

1) 사회적 적절성

사회적 적절성은 사회 구성원에 대한 안전망 구축이 효과적으로 이루어졌는가의 여부를 통해서 파악될 수 있다. 사회가 전체 국민에 대하여 그들 요구의 적절한 수준을 불편함 없이 제공하는 정도가 사회적 적절성의 기본내용을 이룬다고 볼 수 있을 것이다. 연금제도의 일정한 성숙으로 인해서 연금수급자가 확대되면서부터 가장 중요한 이슈로 떠오른 것은 급여수준의 적절성이었다. 특히 전후의 경제성장이 생활수준의 향상을 가져옴에 따라서, 기존 급여액의 상대적 가치가 하락되었고, 일정한 생활수준을 보장해주기에는 부족했기 때문에 소득의 적절성 문제는 중요한 관심사가 되었다.

또한 저임금 근로자나 보험료를 낼 수 없는 계층의 경우에는 연금제도의 수혜를 받기 어려웠을 뿐 아니라 보장되는 소득의 정도도 빈곤의 재생산 이상의 결과를 가져올 수 없었다. 따라서 연금제도의 '사회적 적절성'을 제고시키기 위한 다양한 노력이 경주되었으며, 이러한 노력을 통해서 근대적인 의미의 노령보호가 확립되어 갔다.

연금제도의 사회적 적절성의 정도를 살펴보기 위해서는 다음의 네 가지 항목을 살펴볼 수 있다.

① 제도의 보편성

수혜대상의 보편성과 수혜내용의 포괄도를 나타내는 지수인 이 항목은 연금제도의 적절성을 판단하는 데 매우 중요한 지표이다. '제도의 보편성'이 일차적으로 지시하는 내용은 수혜대상의 확대이다. 공적 연금제도의 역사적 발전과정을 살펴보면, 최초의 도입 시기에서부터 전 국민을 대상으로 한 연금제도를 확립한 경우는 거의 없다. 공적 연금제도는 거의 대부분의 국가에서 일부 계층만을 대상으로 하여 출발한다. 복지국가의 발전과정에서 국가주의적 경향을 보여주는 나라들은 공무원 등의 특권층을 대상으로 하여 연금제도를 발족시킨 경우가 많았고, 노동운동의 영향력이 강했던 나라들은 노동계층이 1차적인 대상이 되었다. 그러나 이러한 경향은 점차적으로 농민 등의 자영업자에게로 확대되기 시작했고, 더 나아가 전 국민을 대상으로 하는 '보편적 연금(universal pension)'의 확립이라는 과정을 보여준다.

보편적 연금제도는 수혜자격의 포괄성과 가입의 강제성을 갖는다. 따라서 한 나라의 국민이면 누구에게나 일정한 정도의 급여액을 제공하기 때문에 전 국민을 대상으로 한 안전망의 구축을 가능하게 한다. 보편적 연금제도의 도입 여부는 연금제도의 성취도를 평가하는 데 있어 가장 기본적인 항목으로 볼 수 있다. 미국의 경우처럼 연금제도가 전 국민을 대상으로 하고 있지 못한 경우에는, 여타의 제도적 여건들이 성숙하고 급여의 수준이 높다고 할지라도 보편적인 복지국가로 평가되기 어려울 것이다. 보편적 연금제도를 수립하지 못했을 경우에는, 연금제도가 수용하는 대상의 크기가 제도의 보편성을 보여주는 지표로 간주될 수 있을 것이다.

② 소득 대체율(earnings replacement rate)

연금제도의 주된 목표는 퇴직 후 노인들의 소득보장에 맞추어져 있다. 보장되는 소득의 정도 - 급여의 수준 - 가 은퇴 전의 소득수준 혹은 현재의 근로자들의 소득수준과 얼마나 차이가 있는가를 나타내는 소득 대체율은 사회적 적절성을 평가하는 단순하면서도 명백한 지표이다.[21] 소득 대체율

---

21) 소득 대체율에 대한 논의는 J. Aldrich(1982, 3-11) 참조.

이란 대체로 은퇴 전과 은퇴 후의 소득 간의 차이를 말한다. 퇴직 후 적절한 사회적 생활을 위한 소득의 보장을 의미하는 이 지표를 측정하는 방식은 매우 다양하다.[22] 대체로 퇴직 이전의 생활수준을 유지하기 위해서는 퇴직 후 소득이 퇴직 이전 소득의 60-80% 정도가 되어야 사회적 적절성을 확보했다고 간주된다.

③ 슬라이드제도

임금 대체율은 노인들이 퇴직 후 첫 해를 살아가는 데 요구되는 소득의 적정성을 나타내고 있지만, 그 이후의 삶에 필요한 급여의 조정에 관해서는 적절한 예측치를 보여주지는 않는다. 급여수준이 인플레이션에 걸맞게 조정되지 않는다면 임금 대체율의 실질가치는 급속히 하락될 것이다. 연금급여액의 구매력은 떨어지고 초기에는 대체율이 높았다 하더라도 몇 해 안 되어 그 가치는 상대적으로 하락할 것이다. 또한 인플레이션에 대한 조정이 있다 해도 전반적인 생활수준이 향상되고 있는 국가라면, 다시 말해서 임금상승이 물가상승을 앞지른다면 노년층은 역시 소득분배 구조상 최하위에 처하는 것을 면치 못할 것이다.

퇴직 후 지속적인 생활수준의 유지를 위해서, 임금의 상승 및 물가의 변동에 맞추어 급여의 수준을 조정하는 제도를 '슬라이드제도'라고 한다. 변동하는 사회적 조건에 맞추어서 일정 정도의 생활수준을 유지하기 위해서는 슬라이드제도의 도입과 그 제도의 유연한 적용이 필요하며, 이러한 제도적 장치는 사회적 적절성의 제고에도 중요한 역할을 한다고 볼 수 있다.

---

22) 대체율을 계산하는 것에 관련된 이슈들은 다음과 같다. 첫 번째는 대체율이 사회보장에 지출을 하는 모든 노동자들의 평균소득에 기초하여야만 하는지, 아니면 특정한 개인들의 실제소득에 의거해야 하는지이다. 두 번째 이슈는 대체율을 계산하는 데 있어서 분모와 분자로 어느 지수를 사용해야 할 것인가이다. 이는 다시 말해서 어느 해의 소득이 사용되어야 하는가? 퇴직 전 해의 소득인지, 최대 소득인지, 최근의 평균소득인지, 아니면 취업 시 혹은 평생의 평균소득인지 등이 결정되어야 할 것이다.(Alan Fox, 1982)

슬라이드제도를 운영하는 방식은 급여를 연동시키는 기준을 물가의 변화로 잡는 경우와, 임금수준의 상승에 연동시키는 경우로 구분할 수 있으며,23) 일반적으로 후자의 방법에 의한 부의 이전이 수혜자의 생활수준 유지에 더 크게 기여한다고 간주된다. 두 가지 방식을 혼합하는 경우도 있다. 또한 슬라이드제도의 변동기간을 짧게 잡는지 길게 잡는지의 여부도 중요한 역할을 한다. 보통 연금제도가 잘 발달해 있는 나라의 경우에는 급여액을 물가와 임금 변동 양자에 복합적으로 연동시키며, 수혜자에게 유리하도록 기간을 짧게 잡는다.

④ 수급자격의 유연성

연금의 수급자격에 대한 논의 역시 사회적 적절성의 한 축을 이룬다. 일반 시민들이 연금제도에 접근하기가 어느 정도 용이한가에 따라서 해당 연금제도의 성취도는 달라질 수밖에 없기 때문이다. 수급자격을 결정하는 요소들에 대해서 살펴보자.

먼저 가입기간과 수급개시 연령에 대한 규정을 들 수 있다. 일반적으로 가입기간이 길면 길수록 피보험자의 수급연령은 늦어진다. 예를 들어 40년 가입에 65세 수급을 규정하고 있는 한국 연금제도의 경우에, 퇴직연령과 수급연령과의 괴리를 가져오며, 이 기간 동안 소득보장의 어려움이 존재하게 된다. 이상적으로 말한다면 가입기간이 짧을수록, 그리고 수급연령이 낮을수록 사회적 적절성은 높아진다고 볼 수 있다. 그러나 이 경우에 재정적 문제가 심각하게 제기되는 경우가 많아서 대부분의 국가에서 수급연령

---

23) 마일즈는 물가에 따른 지수조정은 '예기치 않은 인플레이션에 의해 생기는 소득의 불안정성을 없애고, 부의 이전이 반대방향으로 일어나는 것을 막는' 효과가 있다고 보고 있다. 또 임금에 따른 지수조정은 '현역노동자와 퇴직노동자 간의 결속의 한 형태'로 파악하려고 시도하고 있다. 이러한 분석을 통해서 그는 임금과 물가에 따른 지수조정은 모두 '여사저오료 볼 때 노후소득을 시장 원칙에 따른 분배와 재분배 영향으로부터 보호하고자 하는 국가의 적극적 간섭의 결과'로 파악한다.(Myles, 1984: 101)

을 높이고 가입기간을 증가시키는 경향을 보여주고 있다.

그러나 개인적인 상황 변화로 인해서 조기퇴직의 필요성이 제기되었을 때, 이를 허용하는 정도, 조기퇴직 시 급여의 제공수준 등에서 국가별로 유연성의 정도가 다양하게 나타난다. 따라서 가입기간과 수급연령을 둘러싼 제도의 유연성, 즉 이 제도들이 어느 정도로 신축적으로 개인의 필요에 부합할 수 있는가가 해당 국가의 연금제도의 사회적 적절성을 평가하는 잣대가 된다.

퇴직 후 소득조사(retirement test)도 수급자격의 유연성을 평가하는 중요한 요소가 된다. 퇴직 후 소득 조사제도는 근로소득에 대한 연금급여액의 삭감이 그 주된 내용이다. 퇴직 후의 소득조사가 이루어지는 경우에 노인들은 근로의욕을 상실하고 가능한 노동의 기회를 외면하게 된다. 반면에 이 제도를 폐지할 경우에 노인들은 근로의욕을 상실하지 않으면서도 자신의 소득을 유지하고 추가할 수 있게 되어 생활의 적정한 수준을 유지하는 데 기여할 수 있다. 따라서 수급조건으로서 소득 및 자산조사가 없는 경우가 사회적 적절성의 제고에 기여한다고 여겨진다. 이에 덧붙여, 수급조건으로서 퇴직을 요구하는 경우에도 연금제도에 대한 접근이 어려워진다. 따라서 퇴직과 급여를 관련시키는지의 여부, 관련시킬 경우에 급여의 삭감 정도 등에 따라 사회적 적절성은 큰 편차를 보여준다고 볼 수 있다.

2) 재분배성

재분배성은 연금제도를 통해서 노후의 삶이 어느 정도의 적절성을 보장받는가라는 명제와는 달리, 연금제도가 사회의 불평등구조에 대해서 어느 정도 재분배적 성격을 갖는가 하는 점을 측정하는 척도이다. 소득 재분배는 연금제도가 사적인 보험과는 다르게 사회적 의미를 갖는 부분이다. 또한 사회보험의 한계를 넘어서 복지의 진정한 구현을 목표로 하고 있다는 점에서도 중요성을 갖는다. 사적 보험이 형평성에 비중을 두고, 급여만큼의 기여를 제공하는 것이라면, 사회보험은 그러한 체계의 안전성에 국가적인 책임을 부여한 제도이다. 여기서 더 나아가 소득 재분배를 추구하는 연금제도란 국가가 이 제도를 통해서 고소득층에서 저소득층에게로 소득의 이전을 추구하는 것을 의미한다. 왜냐하면 적절한 소득보장을 추구하는 과정에서 이전 소득과의 관련성만을 강조하게 된다면, 빈곤층에 대한 소득보장은 단지 그들을 빈곤에 가둬놓는 결과를 가져올 따름이기 때문이다. 따라서 소득의 적절성을 이전 소득과 결부시키거나 빈곤에 대한 방어막으로만 생각한다면, 좁은 의미의 복지적 성취만을 얻게 될 것이다. 여기서 더 나아가 적절한 소득을 보다 민주주의적으로 평등개념에 의거하여 받아들일 때, 소득의 재분배라는 목표는 성취될 수 있을 것이다.

재분배성을 성취하기 위한 제도적 장치는 재원조달과 급여의 구성방식을 통해서 나타나며, 정부의 지원 정도도 중요한 기준이 된다. 사회보험의 재원이 정부의 지원과 고용자의 기여와 피보험자의 부담에 의해 구성되는 방식—특히 이 세 재원 중 어느 부분의 비중이 가장 큰지의 여부—이 중요한 역할을 한다. 급여의 구성방식이 저소득층에게 유리한지 고소득층에게 유리한지의 여부에 의해서 재분배성의 성취도를 일차적으로 판단할 수 있다.[24)]

재분배 성취도에 대한 평가는 연금제도의 다음과 같은 네 가지 측면에서 살펴볼 수 있다.

---

24) 소득 재분배의 형태는 다음과 같은 형태를 갖는다. 첫째, 세대 간 재분배(intergenerational redistribution)로서, 현재의 근로자들로부터 현재의 은퇴 노인에게로의 소득 재분배가 있고, 둘째로 수평적 재분배(horizonal redistribution)로서 독신 가구로부터 가족이 있는 가구로, 혹은 다수 소득자 가구로부터 단일 소득자 가구로의 소득 재분배가 있다. 마지막으로는 수직적 재분배(vertical redistribution)로서 고소득자로부터 저소득자로의 소득 재분배이다(A. H. Munnell, 1975: 36-61).

① 급여구성방식

보편적 연금제도가 수립되어 있는 경우에는 물론이고, 일정한 가입대상만을 제한적으로 포함하는 경우에도, 각각의 연금제도는 가입대상에게 제공되는 급여의 산정방식을 법제화시켜 놓고 있으므로, 가입대상에게 제공되는 급여는 일관성을 보이게 마련이다. 이때, 급여의 산정방식이 어떻게 이루어지는가에 따라 재분배성의 정도를 확인해 볼 수 있다.

대체로 공적인 연금제도의 급여는 정액으로 이루어진 정액 부분과 소득비례적 요소가 가미된 비례 부분의 합산으로 이루어진다. 이때 정액 부분이 전체 연금액수에서 차지하는 비중이 높은 경우와 소득비례 부분이 높은 경우가 구분될 수 있다. 정액 부분이 차지하는 비중이 높은 경우에는 고소득자에게서 저소득자에게로 일정한 부의 이전이 이루어지게 되며, 따라서 일정한 소득 재분배의 효과를 발휘할 수 있다. 그러나 이런 연금제도는 재분배적 효과를 갖는다는 장점에도 불구하고 전 국민을 대상으로 하는 폭넓은 대중적 지지를 얻는 데는 실패하는 경우가 많다(정경희, 1997: 212). 또한 정액제의 연금제도는 급여의 수준이 사회적 생활수준을 따라가지 못하는 경우가 지속적으로 문제로 제기되어 왔고 따라서 중상층의 사보험으로 이탈할 가능성을 높였다. 이러한 문제점 때문에 정액제공 연금제도의 위상은 지속적으로 약화되어 왔으며, 이에 대한 대안으로서 대부분의 국가에서 정액 부분과 비례 부분을 결합하는 2중구조의 급여구성방식이 주로 채택되곤 한다. 특히 현대에 들어와서는 비례 부분의 비중이 증대하고 있으며, 연금제도의 분석도 비례 부분의 급여에 초점이 맞추어지게 된다. 따라서 재분배 성취도에 대한 평가는 이 비례 부분에 '재분배적인 요소'가 포함되는지의 여부를 살펴보는 것이 될 것이다. 소득비례식 연금산정에서 재분배적 요소의 도입이란 저소득층의 소득 대체율을 고소득층의 소득 대체율보다 높게 산정하는 방식의 도입을 의미한다. 이는 전체 국민을 대상으로 하여 대체율의 평균수치가 얼마인가를 따지는 것이 아니라

계층별 대체율의 차이를 측정하려는 것이며, 저소득층의 대체율의 증대에
초점을 맞추는 제도적 장치를 의미한다.

② 정부보조

국민연금의 재원이 상당부분 정부의 예산에 의존할 경우에, 상당수준의
재분배가 이루어진 것이라고 볼 수 있다. 왜냐하면 정부의 예산은 주로 세
금에 의존하기 때문이며, 이 경우에 세금부담이 많은 고소득자로부터 저소
득자로의 간접적인 소득 이전을 기대할 수 있기 때문이다.

연금재정에 대한 국가의 보조는 재원의 일부를 국가가 담당하는 경우와
소수를 담당하는 경우, 국가는 운영만 담당하는 경우, 그리고 국가는 개입
하지 않는 경우가 있다. 대부분의 경우에 연금재정의 유지와 관련해서 정
부의 보조금은 중요한 역할을 한다. 가입자들의 보험료 수입만으로는 연금
재정의 안전성 확보가 어려운 경우가 일반적이기 때문이다.[25] 따라서 연금
제도의 재정에 대한 국가의 지원은 항상적으로 증대될 수밖에 없는 상황이
며, 이러한 상황은 대부분의 복지국가가 겪고 있는 정부 재정적자의 큰 원
인이 되고 있다. 그럼에도 불구하고 증가하는 노령인구와 보편적 복지에
대한 국민적 요구를 감안할 때 이러한 정부의 보조는 철회될 수 없으며
이에 따른 재정적자는 감수할 수밖에 없는 국가적 필연으로 여겨진다.

③ 기여구성방식(재원조달방식)

가입자가 어느 정도의 보험료를 부담하는가 하는 문제는 연금제도의 구
성 및 평가에 핵심적인 요소이다. 대체로 국민연금의 재원은 정부와 가입

---

25) 연금제도의 재정안정성을 위협하는 요소는 다양하다. 첫째로는 인구의 고령화
    추세가 지적될 수 있다. 이는 사회 전체적으로 보았을 때 급여자는 증가하는
    데 반해서 기여자는 감소하는 결과를 가져와 궁극적으로는 재정확충의 어려움
    을 낳게 된다. 둘째로는 인플레이션과 실질임금 상승으로 인한 연금수준의 상
    승을 들 수 있다. 이러한 경우에 특히 적립식 재정방식을 채택하고 있는 국가
    군의 경우에는 상당한 재정적 압박을 결과할 수 있다.

자 그리고 사용자의 삼자 간의 분배에 의해서 이루어지지만, 정부가 전담하는 경우가 있는가 하면, 가입자와 사용자만 부담하고 정부는 기여에서 제외되는 경우도 있다. 정부가 기여금을 제공하지 않는 나라들은 대부분 주변적 복지국가로 분류되는 국가들이다.

OECD 국가들의 기여방식을 살펴보면, 고용자가 기여를 전담하는 경우, 정부가 전담하는 경우, 고용자와 정부가 분담하는 국가가 있고, 국가가 기여하지 않는 경우에는 사용자와 피고용자가 동등비율로 기여하는 경우, 고용자가 더 많은 기여를 하는 경우, 피고용자가 더 많은 기여를 하는 경우 등으로 구분할 수 있다.

여기서 피고용자인 국민의 보험료 부담 정도는 재분배성을 측정하는 중요한 요소가 된다. 국민의 기여의 비율이 적다는 것은 일반 재정에 의존하는 국가와 고소득층인 사용자의 부담이 늘어난다는 것을 의미하기 때문이다. 이들의 재정적 부담이 늘어나면 늘어날수록 소득 재분배에 긍정적인 영향을 끼친다.

④ 소득 상한액의 정도

피보험자로부터 보험료를 각출하는 경우에 국민들의 임금 전부를 대상으로 하지 않고 일정한 상한액을 설정하기도 한다. 이때 설정된 상한액을 초과하는 소득을 올린 사람들은 자신의 소득과 상한액과의 격차가 아무리 크다 하더라도, 설정된 상한액에 의거하여 기여금을 납부하게 되어 있다. 따라서 소득 상한액의 설정은 고소득층을 위한 일종의 특혜조치로 볼 수 있다. 상한액이 낮으면 낮을수록 저임금자에게는 상대적으로 높은 보험료가 부여되는 부정적 효과를 보여주게 된다. 따라서 소득 재분배 효과와 관련해서는 소득 상한액이 폐지되거나 그렇지 않다면 높게 설정되는 것이 효과적인 제도가 될 수 있을 것이다.

이상에서 복지국가의 원리와 연금제도의 위상과 기원, 그리고 구조에 대해서 살펴보았다. 이러한 작업은 1절에서 살펴본 복지국가의 원리를 연금제도의 구조에 발전적으로 적용시키는 노력으로 요약할 수 있는데, 이러한 작업은 제3장에서 다룰 연금제도의 유형화에 이론적 기반을 제공할 수 있을 것이다.

Ⅲ. 연금제도의 유형론

제1절 이론적 연구

1. 기존 연구에 대한 고찰

연금제도 유형론은 복지국가의 유형론에서 보여준 다양한 이론적 작업 결과를 보여주고 있지는 못하다.[26] 이는 기존의 복지연구가 개별 제도를 대상으로 한 비교연구보다는 국가별 비교연구의 관점에서 통합적인 방식을 주로 사용한 데서 그 원인을 찾을 수 있다.

이 절에서는 연금제도 및 복지국가의 연구를 위해 탈상품화 개념을 도입한 에스핑-안데르센의 연구와 노동계급의 영향력에 따른 연금제도의 서열화를 시도한 마일즈의 작업을 살펴보고 두 연구의 장·단점을 비교분석함으로써, 연금제도의 유형화를 위한 이론적 기초를 마련할 수 있을 것으로 여겨진다.

1) 마일즈의 연구-연금제도의 국가별 서열화

마일즈는 공적 연금제도의 국가 간 질적 차이를 측정하는 방법을 만들어내는 것이 쉽지 않다는 점을 인정하면서 기존 연구의 문제점을 다음과 같이 지적하고 있다. 대부분의 연구에서 비교에 사용되는 자료로 통상적으로 이용되어온 공공지출 관계자료와 정책자료는 전체 수급자 집단이 갖고

---

26) 연금제도에 대한 연구를 리뷰한 글로는 콜(Kohl)과 오브라이언(O'Brien)의 OECD 연구 보고서 참조.(Kohl & O'Brien, 1998: 23-25)

있는 사회경제적 특성의 차이를 고려하지 않고 있다는 점이 지적될 수 있을 것이다. 또한 그는 비교의 대상이 명확하게 구체화되지 않는 점을 지적하고 있다.

이러한 비판 위에서 마일즈는 소득 대체율, 지수조정장치, 수급자격기준 등의 차원들을 이용하여, 공적 연금의 질을 나타내는 종합지수를 만들고자 한다. 이러한 종합지수는 국가 간 연금제도의 비교를 위한 척도가 될 것이다. 종합지수는 측정하고자 하는 개념의 이론적 중요성에 따라 산출된 가중치를 각 기준에 적용한 다음 이렇게 계산된 점수를 국가별로 합산하여 산정된다. 이러한 지수화를 통해서 마일즈는 자신이 '자본제적 민주주의 국가'로 분류한 15개 국가의 1975년 현재의 연금제도에 대한 서열화 작업을 시도해 본다.

그러면 마일즈가 시도한 연금제도의 부문별 지수화과정을 살펴보자. 마일즈는 연금제도의 질적 평가를 위한 항목을 1) 연금구성방식과 연금수준, 2) 연금소득의 안전성과 자격요건의 개방 정도라는 두 가지 기준에 의거해 분류한다. 먼저 연금구성방식과 연금수준을 통해서 다음과 같은 네 가지 항목과 가중치가 등장한다. 소득보장 정도를 측정하기 위해서 근로소득이 상, 중, 하층인 사람들의 급여수준을 비농업부문의 평균 남자임금에 대한 비율로 측정한다.

또한 소득의 적정성을 측정하기 위해서는 퇴직 이전 소득수준에 반비례로 가중치를 두어 측정한다. 즉 저소득층에게 혜택을 주는 정책에 대해서는 더 높은 가중치가 부여되는 것이다. 가중치가 부여되는 구체적인 방법은 최하소득 노동자, 평균임금수준의 노동자, 최고소득의 노동자에게 각각 4, 3, 2의 가중치를 두는 것이다.(Myles, 1984: 110)[27]

한편 연금소득의 안전성과 자격요건의 개방 정도를 측정하는 방식은 다음과 같다. 먼저 '생계비에 기준한 조정의 빈도와 조정의 정도'가 급여수준

---

27) 한편 지수를 척도화하는 과정은 이 책의 117-119쪽을 참조.

의 안전성을 측정하는 중요한 요소가 된다. 따라서 이 항목에 대해서는 가장 높은 가중치인 4점이 부여되고 있다. 공적 연금제도 수급자격의 상대적인 개방성을 측정하기 위한 지표인 '소득 및 자산조사 정도'는 3점의 가중치를, 수급자격조건으로서 연령에 대한 규정의 유연성'에 2점의 가중치를 둔다. 마지막으로 '적용대상의 보편성'과 '수급자격조건으로써 퇴직을 요구하는 정도'는 낮은 차원의 가중치를 두어서 측정하도록 배려하고 있다. 이를 정리하면 〈표 3-1〉과 같다.

〈표 3-1〉 마일즈의 연금제도 분석 지수와 가중치

비 교	항 목	가중치
연금구성 방식과 연금수준	1. 최하소득 노동자(와 부양배우자)에게 주어지는 최대 연금액의 비농업부문 남자 평균임금에 대한 백분율	4
	2. 임금수준이 비농업부문 남자 평균임금과 같은 노동자(와 부양배우자)에게 주어지는 최대연금액의 비농업부문 남자 평균임금에 대한 백분율	3
	3. 최고소득 노동자(와 부양배우자)에게 주어지는 최대 연금액의 비농업부문 남자 평균임금에 대한 백분율	2
연금소득 안전성과 자격요건 개방 정도	4. 생계비에 기준한 조정의 빈도와 조정의 정도	4
	5. 소득 및 자산조사 정도	3
	6. 적용대상의 보편성	1
	7. 수급자격조건으로써 연령에 대한 규정의 유연성	2
	8. 수급자격조건으로써 퇴직을 요구하는 정도	1

* 자료: Myles(1984, 110-112)에서 재구성

이상과 같이 8개의 항목에 각각 가중치를 부과한 상태에서, 상기 15개 국가의 연금제도는 〈표 3-2〉와 같은 측정결과를 보여주게 된다.

〈표 3-2〉 15개 국가의 8개 연금제도 구성차원별 가중치 점수 분포

국 가	1	2	3	4	5	6	7	8	합 계
호 주	24	12	6	4	15	8	8	2	79
오스트리아	24	21	20	32	15	7	20	6	145
벨기에	16	18	10	36	15	7	20	2	124
캐나다	28	15	8	32	27	10	4	10	134
덴마크	28	15	8	36	27	10	10	10	144
핀란드	28	21	20	40	27	10	14	8	168
프랑스	20	15	12	36	15	7	16	10	131
네덜란드	32	15	10	40	24	10	6	10	147
뉴질랜드	24	12	14	36	24	10	6	10	136
노르웨이	28	18	20	40	30	10	4	8	158
스웨덴	36	24	20	40	30	10	16	10	186
스위스	24	15	12	24	15	10	8	10	118
영 국	20	12	6	28	24	10	8	3	111
미 국	24	18	12	32	15	6	14	3	120
서 독	16	15	10	28	15	7	14	10	115
평 균	24.8	16.4	12.5	32.3	21	8.8	11	7.5	134.4

* 출처: Myles(1984, 112)

이러한 측정을 통해서 마일즈는 위 15개 국가의 연금수준을 서열화시킬 수 있다. 서열을 편의상 10단위로 나누어 보면 〈표 3-3〉과 같이 분류될 수 있다.

〈표 3-3〉 15개 국가의 시민임금의 질적 수준별 분포

연금지수	국 가
160 이상	스웨덴, 핀란드
150-159	노르웨이
140-149	네덜란드, 오스트리아, 덴마크
130-139	뉴질랜드, 캐나다, 프랑스
120-129	벨기에, 미국
110-119	스위스, 영국, 서독
110 이하	오스트레일리아

분류의 결과를 살펴보면, 스칸디나비아 국가들인 스웨덴, 핀란드, 노르웨이 그리고 네덜란드가 높은 수준의 연금제도를 갖추고 있는 것으로 나타난다. 반면에 미국, 영국, 서독, 호주, 스위스 등은 낮은 수준의 연금제도를 보유하고 있으며, 나머지 국가군이 중간수준의 제도적 성취도를 이룬 것으로 볼 수 있다. 이상에서 살펴본 마일즈의 연금제도에 대한 분석은 다음과 같은 시사점을 갖는다. 먼저 그는 연금제도의 성취도를 평가하는 데 있어서 단일 요소에 의한 분석이나, 제도의 포괄적인 성격에 의거하지 않고, 제도의 내용별 구성요소들을 두개의 측면에서 분류하여 평가함으로써 연금제도에 대한 내용적 평가를 심화시켰다고 볼 수 있다. 그러나 마일즈의 연구는 다음과 같은 미비점을 갖기도 한다. 첫째, 연금제도의 구성요소에 대한 내용적 분석을 시도하는 과정에서 지수별 특성이 분별적으로 나타나지 못하고 있다. 이는 두개의 범주가 각각 지시하는 내용이 뚜렷하게 구별되지 않은 채, 평면적으로 구별되기 때문이다. 다시 말해서 최종적으로 획득한 국가별 연금지수는 애초의 분류범주-연금구성방식과 연금수준, 연금소득의 안전성과 자격요건의 개방도-의 차이를 구별하지 못한 채, 단지 두 범주를 양적으로 합산하는 것에 그치고 만다.

따라서 둘째로 연금제도의 국가적 특성에 대한 분류는 불가능해지게 되며, 결국은 가능한 것은 국가별로 단순한 서열을 측정하는 데 그치고 말게 된다.

2) 에스핑-안데르센의 연구-탈상품화와 연금제도

에스핑-안데르센의 저작(Esping-Andersen, 1990)은 '탈상품화'[28]라는

---

28) 에스핑-안데르센이 파악하는 탈상품화란 다음과 같다. "탈상품화에 대한 최소한의 규정은 시민이 자유로이 그리고 직업, 소득 혹은 일반적 복지의 잠재적인 상실 없이 그들 스스로 필요하다고 생각되는 시점에 노동에서 손을 뗄 수 있도록 하는 것이다.(Esping-Andersen, 1990: 23)

기준을 통해서 국가별 복지체제의 분류를 시도한다. 그는 탈상품화를 통해서 국가와 시장이 맺고 있는 관계의 특유성을 살펴봄으로써 국가별 유형화를 시도할 뿐 아니라, 복지급여의 제공을 통한 '계층화의 기제'로서 국가[29]를 살펴보려는 이론적 시도를 하고 있다.

연금제도와 관련된 에스핑－안데르센의 연구는 두 가지 차원에서 진행되고 있다. 18개국의 선진 자본주의국가를 대상으로 한 그의 연구는 먼저 각 국가의 탈상품화 지수를 측정하는 작업을 시행하고 있다. 이러한 시도는 마일즈의 방식과 유사한 측면을 보여주고 있기는 하지만 에스핑－안데르센은 여기서 그치는 것이 아니라 한 걸음 더 나아가 국가별 특성에 의한 유형화 작업을 시도한다.

① 연금제도의 탈상품화 측정

에스핑－안데르센은 다음과 같은 속성에 의거해서 노령연금의 탈상품화 정도를 측정하고자 했다. 임금 대체율, 기여기간, 개인적 기여의 정도, 그리고 포괄대상의 비율이라는 네 가지 지표를 통해서 탈상품화의 점수가 측정된다. 각 지표는 다음과 같이 구체화 된다. 먼저 제공되는 급여의 적정성 정도를 살펴보는 임금 대체율을 측정하기 위해서는 '표준적인 공업노동자들의 평균적 임금소득에 대한 평균연금급여의 비율'을 살펴보았다. 또한 수혜자들의 '기여기간'의 국가별 차이와 전체 '연금재정에 대한 개인의 기여분' 등을 살펴본다. 이러한 세 가지 지표를 상, 중, 하로 분류하여 각기 1, 2, 3 점으로 점수화시키며, 마지막으로 획득한 점수에다가 포괄되는 인구의 비율을 곱함으로써 최종적인 탈상품화 점수를 산출한다. 이렇게 하여 측정된 국가별 연금제도의 탈상품화 지수와 국가별 순위는 다음과 같다.

---

29) 에스핑－안데르센은 복지국가를 불평등구조에 단순히 개입되는 기제가 아니라, 그 자체를 하나의 '층화체계(as a system of stratification)'로써 본다. 그에게 있어서 복지국가는 사회관계의 질서를 구성하는 적극적인 힘인 것이다.(Esping-Andersen, 1990: 23)

〈표 3-4〉 연금제도의 탈상품화 지수에 의거한 국가별 순위

연금제도의 탈상품화 점수	
스웨덴	17.0
덴마크	15.0
벨기에	15.0
노르웨이	14.9
핀란드	14.0
프랑스	12.0
오스트리아	11.9
네덜란드	10.8
일 본	10.5
이태리	
뉴질랜드	349.6
스위스	9.1
	9.0
독 일	8.5
영 국	8.5
캐나다	7.7
미 국	7.0
아일랜드	6.7
호 주	5.0
평 균	10.7
표준편차	3.4

* 자료: Esping-Andersen(1990, 50)에서 재구성

　　이러한 분석결과는 마일즈의 경우와 마찬가지로 연금제도의 서열화를 보여준다. 상층부의 스칸디나비아 국가군과 하층부의 앵글로색슨 국가군의 배열은 마일즈의 연구결과와도 일치하는 모습을 보여준다. 에스핑－안데르센의 탈상품화 지수와 국가별 서열화는 마일즈의 연구와 유사한 측면을 보여주고 있지만, 그는 여기서 그치지 않고 연금제도의 국가별 유형화를 향해 나아감으로써 마일즈와의 차별성을 보여준다.

② 연금제도의 국가별 유형화

앞에서도 지적했듯이 에스핑–안데르센은 연금제도의 탈상품화 지수에 의거한 국가별 서열화에 만족하지 않고, 연금제도의 특성에 의거한 국가별 유형화를 시도한다는 점에서 마일즈와 구별된다. 이러한 유형화를 위해서 에스핑–안데르센은 두 가지 연구방식을 택한다. 먼저 그는 여러 가지 연금급여들 간의 상대적 비율을 살펴봄으로써 국가별 특성분류를 시도하고 있다. 이러한 1차 시도에 사용된 방식은 다음과 같다. 먼저 전체 직업연금이 차지하는 비율의 정도를 살펴본다. 이는 연금제도의 시장의존성을 평가하기 위한 시도로 볼 수 있다. 다음으로는 연금을 분류하여 사회보장, 공무원연금, 사적인 직업연금, 개인적 보험 등의 대 GDP 지출을 살펴보고 있다. 세 번째로는 전체 연금에 대한 지출 중에서 위의 네 가지 요소의 지출비율을 살펴보고 있다. 이러한 분류를 통해서 '연금체제'의 일차적인 차별화가 가능해진다. 에스핑–안데르센은 다음과 같은 세 가지 유형의 연금체제(regime)를 구성한다.

1) 국가조합주의가 지배적인 보험체제–이 체제에서는 수혜자가 연금프로그램 구조에서 차지하는 지위(status)가 중요한 역할을 한다. 사적 시장은 주변적 위치에 머물러 있게 되며, 사회보장에 의한 연금수혜 중에서 특히 공무원이라는 지위로부터 특권을 얻어낼 수 있는 국가들로, 오스트리아, 벨기에, 프랑스, 독일, 이태리, 일본 등이 분류 가능하다.

2) 잔여적 체제–시장이 지배적인 경향을 보이는 연금체제로서 호주, 캐나다, 스위스 그리고 미국 등을 들 수 있다.

3) 보편적, 국가주도적 체제–전체 인구에 걸쳐서 사회권이 지위나 시장으로 인한 특권보다 중요한 역할을 하는 나라들로서 뉴질랜드, 노르웨이, 스웨덴, 그리고 덴마크, 네덜란드가 포함된다.

이러한 체계 분류는 〈표 3-5〉와 같이 요약할 수 있다.

〈표 3-5〉 연금제도의 운영원리에 의거한 국가별 체제 분류

체제(Regime)	지배적 특징	국 가
보편적 체제	사회권에 의거한 연금제도의 구성 및 운영	스웨덴, 뉴질랜드, 노르웨이, 덴마크, 네덜란드
국가조합주의적 체제	수혜자의 지위가 중요한 요소-공무원의 특권을 보장함	오스트리아, 벨기에, 프랑스, 독일, 이태리, 일본, 핀란드
잔여적 체제	시장의 원리에 의거한 연금제도의 구성 및 운영	미국, 호주, 캐나다, 스위스

위의 유형화를 확정시키기 위해서 에스핑-안데르센은 2차적으로 '고령가구의 소득원'에 대한 자료를 살펴보고 있다. 고령가구의 소득원에 대한 경험적 연구는 이들 국가에서 노령의 소득보장이 시장에 의해 이루어지는지, 아니면 사회복지의 제공에 의해서 이루어지는지를 살펴볼 수 있는 분명한 기준점이 되기 때문이다.

보편적 체제를 나타내는 나라 중에서 스웨덴과 노르웨이는 가구소득의 70% 이상을 연금제도에 의존하고 있으며, 뉴질랜드 역시 60%에 가까운 의존도를 보여주고 있는데, 이는 이들 국가에서 노년의 생활이 시장에 대한 의존이 완화된 상태를 상징적으로 보여주는 것이다. 보편적 유형의 국가군은 덴마크를 제외한 모든 나라에서 1차적인 유형분류의 타당함을 보여주고 있다. 이와는 대조적으로 잔여적 체제에 속하는 국가들 중에서는 예상대로 캐나다, 미국, 아일랜드 등이 근로소득에 대한 높은 의존도를 보여주고 있으며, 이는 시장에의 종속을 보여주는 한 예이다.[30]

③ 평가와 비판

이상에서 살펴본 에스핑-안데르센의 연구는 첫째, 탈상품화 지수에 의거한 서열화이고 둘째는 국가별 특성에 의거한 체계 분류로 요약할 수 있

---

30) 〈표 2-5〉 65세 이상 가구의 소득원천 참조.

다. 이 두 가지 연구결과는 다음과 같이 조합될 수 있을 것이다.

〈표 3-6〉 에스핑 – 안데르센의 연금제도 연구 종합

		연금제도의 국가별 체계			
		보편적 유형	국가조합주의 유형	잔여적 유형	기 타
탈상품화 지수	상	스웨덴, 덴마크, 노르웨이 핀란드	벨기에 프랑스 뉴질랜드		
	중	네덜란드	오스트리아 일본, 이태리	스위스	
	하		독 일	미국, 호주 캐나다	아일랜드, 영국

이러한 종합은 연금제도와 관련한 특징적 국가군의 구성 구별해 낼 수 있다. 먼저 보편적 유형의 연금체계를 보이면서, 즉 전 인구적인 사회권으로서의 연금제도가 확립되어 있으면서, 동시에 탈상품화의 정도도 높은, 즉 제도의 구성 및 운영에 있어서도 높은 점수를 받은, 국가군을 살펴볼수 있다. 이런 나라들은 위에서 보듯이 스웨덴, 노르웨이, 핀란드 등의 스칸디나비아 국가군과 덴마크를 들 수 있다.

둘째로는 국가조합주의적 유형의 국가이면서, 즉 국가공무원들에게 특권적인 지위를 부여하는 제도적 특성을 갖고 있으면서, 중간정도의 탈상품화 정도를 보여주는 국가군이 있다. 이러한 국가들은 일본과 이태리, 그리고 오스트리아로 분류될 수 있다.

마지막으로 낮은 탈상품화의 정도를 보이면서, 동시에 시장에의 의존이 높은 연금제도를 가진 국가군이 있다. 복지국가의 유형화에서 항상 낮은 평가도와 후진성을 지적받는 이러한 나라들로는 캐나다와 미국, 그리고 호주 등을 들 수 있을 것이다.

이상에서 살펴본 에스핑-안데르센의 연금제도에 대한 분류 및 국가별 유형화는 일정한 성과를 거두고 있다고 평가할 수 있을 것이다. 특히 탈상품화 지수에 의거한 국가별 서열화에 그치지 않고, 연금제도의 국가별 유형화를 이러한 서열화에 결합시킨 것은 높은 평가를 받을 수 있을 것이다. 그러나 에스핑-안데르센의 연구는 본격적인 연금제도에 대한 평가작업이라고 보기에는 다소 미진한 측면이 있다. 첫째, 탈상품화 지수의 측정에서 지나치게 협소한 항목만을 대상으로 삼기 때문에 연금제도의 내용적 성취도를 만족할만하게 측정할 수 있을 것인가에 대한 의구심이 들 수 있다. 둘째로는 국가별 유형화 작업에서 사용된 지수가, 연금의 지출 내역과 각 연금 간의 상대적 비율로 한정되어 있기 때문에 연금제도의 실질적인 내용을 평가하는 데에는 다소 무리가 따르게 된다고 여겨진다. 그리고 마지막으로 제도의 구체적 내용에 대한 분석을 결여하고 있기 때문에 입체적인 분석으로까지 나아갔다고 보기 어려운 측면이 있다.

2. 평가와 재구성

이상에서 살펴본 마일즈와 에스핑-안데르센 연구의 시사점과 미비점에 대한 보완을 통하여 우리는 다음과 같은 원칙에 입각해서 연금제도의 유형화 작업을 시도해 보고자 한다.

첫째, 연금제도의 내용을 분석하기 위해서는 연금제도를 구성하는 요소들을 '사회적 적절성'과 '재분배성'이라는 원리에 따라서 구분하여 고찰한다. 둘째, 각각의 요소들을 측정 가능한 지수로 조작화시키며, 이러한 조작을 통해서 계량적 측정을 실시한다. 셋째, 측정된 두 범주의 점수를 통해서 고찰대상이 되는 국가들을 단순히 서열화시키는 것이 아니라, 이들 국가군을 유형화시켜서 연금제도의 일반적 특성들을 찾아보도록 한다. 넷째, 이러한 연구를 통해서 연금제도의 국가별 유형론을 일반화시켜 본다.

이러한 방법을 적용하여 살펴보게 될 구체적인 연구대상은 OECD 18개 국의 공적 연금제도이며, 비교 시기는 복지국가의 황금기인 1980년도를 전 후하여, 복지후퇴가 본격적으로 나타나기 전까지의 제도의 성취도가 될 것 이다. 분석의 두 축인 사회적 적절성과 재분배성의 측정을 위해서는 다양 한 방식의 조작화 과정이 도입될 것이며, 조작방식은 부록에서 기술하도록 하겠다.

제2절 연금제도의 유형화를 위한 경험적 접근

이 절에서는 OECD 18개국의 연금제도에 대한 내용적 분석을 통해서 구체적인 유형화 작업을 본격적으로 시도한다. 내용적 분석을 위해 앞에서 서술한 사회적 적절성과 재분배성을 측정하는 작업이 주된 내용이 될 것 이며, 이러한 작업은 측정을 위한 조작적 방식의 적용과 그 결과를 확인하 는 방식으로 진행하고자 한다. 또한 측정된 결과를 통해서 국가별 연금제 도의 유형화에 도달할 수 있을 것이다.

1. 사회적 적절성의 측정

연금제도가 사회적 적절성을 확보하기 위해서는 소득의 적절성, 소득의 안전성, 소득의 개방성, 대상의 포괄성 등을 확보해야 한다. 이러한 목표를 달성하기 위한 연금제도의 정책적 요소들은 소득 대체율, 슬라이드제도, 적용대상 그리고 접근의 용이성이라고 볼 수 있다. 이 절에서는 이 네 가 지 요소들이 사회적 적절성의 획득에 어떻게 기여하는지를 살펴본 후에, 기여의 정도를 측정하기 위한 조작화 작업을 수행하고자 한다. 이러한 작업을 통해서 OECD 18개국 연금제도의 사회적 적절성을 측정하는 것이 가능할 것이다. 한편 각 요소들의 성취도는 사회적 적절성이라는 목표의 실현에 기여하는 비중이 상이할 수 있으므로, 각각의 비중의 정도에 따라 다른 가중치를 부여받게 되는데, 개별 요소들의 비중에 대한 이해를 통해서 가중치를 차등 부과하는 방식은 각 소절에서 살펴보도록 하겠다.

1) 소득 대체율

퇴직 전에는 대다수 개인의 소득분배상의 지위가 그들이 노동시장에서 차지하는 위치에 의해서, 다시 말하면 각 개인이 갖고 있는 기술과 특성에 의해 결정되는 것이 일반적이다. 각 개인들은 높은 보상을 제공해 주는 지위를 놓고 경쟁하게 되며, 이러한 경쟁의 제도화 과정을 통해서 사회적 계층화가 이루어진다. 자본주의에서 시장질서는 경쟁에 의해 구조화되는 불평등을 재생산하는 체제로 볼 수 있다.

이러한 불평등의 서열체계는 퇴직과 더불어 종료되는 것이 아니라, 하향조정의 과정을 거치게 된다. 일반적으로 퇴직 후의 소득수준은 퇴직 전보다 하락하는 경우가 나타나게 되며, 결국 퇴직한 집단은 전체 사회의 생활수준에서 상대적인 하락을 겪을 수밖에 없게 된다. 결과적으로 노동시장에서의 동일 연령의 집단적인 퇴장은 첫째, 전체적인 사회계층에서 퇴직연령층의 분배적 지위의 하락, 둘째로 퇴직한 연령층 내부의 수직적 지위의 보존이라는 결과를 낳게 된다.

동일한 인구 집단 내에서 불평등의 체계를 살펴보면, 각 개인은 퇴직 이후의 소득보장을 위한 개별적 적립 정도의 차이에 따라서 집단 내부의 서열을 어느 정도 바꿀 수 있기는 하다. 그러나 이러한 개인적 노력은 사회적 제도의 결과라기보다는 행운이나 절제, 그리고 의도된 궁핍을 통해서만 가능할 따름으로 대부분의 개인들은 퇴직 후의 소득 하향추세에서 벗어나기 힘들다.

연금제도는 노년층의 불평등을 재생산하는 구조를 시정하기 위한 국가적 개입으로 볼 수 있다. 이때 국가는 퇴직한 노년층의 소득수준을 어느 정도 보장해 주어야 하는지의 문제, 즉 급여수준의 문제에 직면하게 된다. 연금제도의 도입 초기에 보여주었던 정액방식의 급여는 퇴직한 연령층 내부의 불평등을 해소하는 효과를 가져왔다. 그러나 정액급여방식은 급여수준 자체가 워낙 낮았기 때문에 전체 노인층의 사회적 지위를 지속적으로 하락시키는 결과를 초래했으며, 게다가 사회적 생활수준의 지속적인 상승은 노인을 위해 제공되는 연금급여의 초라함을 더욱 두드러지게 만들었다. 결국 정액방식의 급여제도는 근로세대와 노인들 간의 세대 간 불평등의 심화라는 문제를 발생시키게 되었다.

이러한 정액급여방식의 문제점을 해결하기 위해 도입된 것이 소득 관련 급여방식의 도입이다. 소득 관련 급여방식은 자신의 소득에서 일정한 비율을 보험료로 기여하는 과정을 거쳐서, 퇴직 후 급여를 받을 때에는 이전 소득과의 일정한 연결선상에서 급여를 받게 되는 제도를 말한다. 이런 방식으로 급여구조가 바뀜에 따라서 충분한 수준은 아니라 하더라도 일정 정도 퇴직 전의 생활수준을 유지하는 것이 가능해지기 시작했으며, 연금제도 역시 국민적 지지를 받는 제도로 자리잡아가게 되었다. 이 제도는 특히 중산층의 대중적 지지를 받으면서 성장했는데, 정액급여의 저급한 급여수준으로는 중산층의 퇴직 후의 적정한 소득보장이 불가능했기 때문이었다.

근대적인 연금제도를 도입한 많은 나라에서 연금급여는 정액급여방식과 소득 관련 급여방식의 이중적인 급여체계를 통해 제공되고 있다. 이러한 이중적 급여체제는 먼저 정액방식을 통해서 최소한의 국민적 생활수준을 보장하려는 목적을 달성하고자 하며, 나아가 기존 생활수준을 유지할 수 있는 소득 관련 급여를 이에 결합시킴으로써 급여의 적정성을 성취하려는 시도로 볼 수 있다.

근대적인 연금제도의 도입을 통해서 소득의 적정성 문제를 개략적으로 해결해 나가는 과정에서 사회적 적절성의 문제는 '소득 대체율'의 문제로 전환되었다. 퇴직 후 소득의 퇴직 전 소득과의 비교를 나타내는 '소득 대체율'에 대한 연구는 연금제도에 대한 논의들에서 중심적인 위치를 차지해 왔다.[31] 대체로 소득 대체율을 측정하는 방식은 퇴직 후에 받는 연간 연금급여의 총액을 분자로 하고, 퇴직 이전의 연간 근로소득액을 분모로 하여 계산한다. 그러나 정확한 대체율을 측정하는 문제를 둘러싸고 다양한 논쟁들이 벌어졌는데, 이를 정리해 보면 다음과 같다.

첫째, 분모가 되는 퇴직 전 소득을 전체 노동자의 평균소득으로 해야 하는지, 아니면 한 개인의 실제소득 또는 그가 속한 집단의 전체적인 평균소득으로 해야 하는지의 문제가 있을 수 있다.[32] 따라서 기준이 되는 소득에 대한 정의가 필요하다. 둘째, 대체율의 측정을 위해서 사용되는 개인의 소득을 어떻게 상정하는가의 문제가 발생할 수 있다. 만약에 전 생애에 걸친 소득의 평균을 통해서 대체율을 상정하게 된다면, 이는 퇴직 직전의 소득보다는 낮게 책정될 수밖에 없을 것이다. 이러한 문제점을 해결하기 위해서 퇴직 직전의 소득을 대상으로 하는 경우, 최대 소득을 대상으로 하는 경우, 최근 몇 년간의 소득을 대상으로 하는 경우 등 다양한 방식이 제기되고 있다. 셋째, 계층별 대체율의 차별화를 주지해야 할 것이다. 전체적으로는 높은 소득 대체율을 보여주고 있지만, 계층별로 대체율의 수준에 큰 차이가 있는 경우[33]에는 평균적인 대체율은 사회적 적절성을 나타내는 의미 있는 지표라고 볼 수 없을 것이다.

이러한 문제점들을 고려하여 소득 대체율을 다음과 같은 기준에 의거하여 측정하고자 한다. 먼저 측정대상을 계층별로 구별하여 대체율의 정도를

---

31) 대체율에 대한 논의는 Espina Alvaro(1996) 참조.
32) 이 경우에 한 개인이 평균 이하의 소득을 받고 있었으나 퇴직 후 그의 급여가 전체 노동자의 평균급여에 기초한 대체율에 의해서 제공된다면, 그는 타인보다 높은 급여를 수령하게 된다.
33) 예를 들어 저소득층의 대체율은 낮고 고소득층은 높은 대체율을 보여서 둘의 평균적인 수준으로 대체율의 지수가 측정된다면 이는 적절한 수준의 사회적 보장이라고 볼 수 없을 것이다.

파악한다. 상·중·하로 소득수준을 구별하여 대체율을 측정하는데, 상층은 평균소득의 2배 이상의 소득을 올리는 계층으로, 하층은 평균소득의 2/3 이하를 벌어들이는 층으로 구별한다.

<표 3-7> 국가별 소득 대체율 측정

비 고	대체율(하/중/상)	점수(가중치 4)
호 주	6/4/3=42	168
오스트리아	6/7/10=65	260
벨기에	6/5/4=47	188
캐나다	6/4/3=42	148
덴마크	6/4/3=42	148
핀란드	7/7/10=69	276
프랑스	7/6/7=60	240
아일랜드	5/4/2=36	144
이태리	9/8/9=78	312
일 본	10/7/6=73	292
네덜란드	7/5/5=53	212
뉴질랜드	6/4/7=50	200
노르웨이	7/6/10=66	264
스웨덴	9/8/10=80	320
스위스	6/5/6=51	204
영 국	5/4/3=38	152
미 국	6/6/6=54	216
독 일	5/6/5=48	192

* 자료: Espina(1996), E.C.(1993), Davis(1996), Gordon(1988)에서 재구성

각 계층의 대체율이 사회적 적절성의 측정에 있어서 동일한 의미를 부여받을 수는 없으므로, 비교적 많은 인구층을 형성하기 마련인 하층과 중간층에는 높은 가산점을, 상층의 대체율에는 비교적 낮은 가산점을, 각각 부과한다.[34] 둘째, 측정한 대체율을 등급화시키는 데 있어서 상이한 기준

을 사용하고자 한다. 중간층과 하층의 경우에 대체율에서 획득할 수 있는 최고 등급인 10등급을 얻는 데에 89% 이상의 성취도를 보이면 되지만, 상층의 경우에는 79%의 대체율로 다소 낮게 책정한다. 그 이유는 상층의 대체율은 비교적 하층보다 낮게 책정되기 마련이므로, 계층별로 동일한 대체율을 등급화하는 것은 의미가 없다고 여겨지기 때문이다. 셋째, 측정되는 급여액은 40년 기여 시 제공되는 급여가 자신의 고용 시 임금액에서 차지하는 비율로 계산된다. 이는 완전연금의 수령 시의 대체율을 측정하기 위한 것으로서 부분급여의 경우는 제외되게 된다. 넷째, 각 계층별로 측정된 대체율을 통해 해당 등급을 확인하고 계층별 등급을 합산하여 국가별 대체율 점수를 종합적으로 산정한다.

이상의 과정을 통해서 소득 대체율에 대한 국가별 지수가 파악될 수 있다. 측정된 국가별 소득 대체율의 평가도는 〈표 3-7〉과 같다.

2) 슬라이드제도

슬라이드제도는 물가와 임금상승에 따른 연금급여액의 상승, 즉 연금급여를 임금 또는 물가에 연동시켜서 상승시키는 제도를 의미한다. 이러한 제도의 도입은 퇴직한 노인층의 생활수준을 변화하는 사회경제적 생활수준에 부합시키려는 노력으로 볼 수 있으며, 이러한 노력을 통해서 국가는 노인층이 세대 간 불평등의 희생양이 되는 것을 막을 수 있다.

사회적 적절성의 구성요소로서 슬라이드제도가 갖는 의미는 다음과 같

---

34) 대체율의 비중은 앞에서 살펴본 에스핑-안데르센의 연구나 마일즈의 글에서도 잘 나타나고 있다. 에스핑-안데르센은 탈상품화를 측정하는 3가지 요소 가운데에서 소득 대체율을 나타내는 지수에 가장 높은 가중치를 부과하고 있다. 또한 소득 대체율을 주된 비교대상으로 삼았던 마일즈는 이 지수에 대해서 매우 높은 가중치를 부과할 뿐 아니라 이를 3등분하여 차별적인 가중치를 부과하고 있는데, 이 글에서는 대체율에 대한 두 연구의 비중을 수용함과 동시에, 마일즈가 시도한 가중치 차등부과의 타당성을 인정하고 있다.

다. 먼저 노인의 생활수준을 변동하는 사회경제적 상황에 결부시킴으로써, 사회적으로 적정한 수준의 소득을 보장하고 이를 통해서 일정 수준의 사회적 삶을 유지하는 데 기여하도록 한다. 다음으로는 사적인 보장-개인 저축이나 자산 등-방식의 위험을 방지하고, 사회적 안전망을 구축하는 데 중요한 역할을 한다. 개인적인 저축이나, 자산, 사보험 등은 인플레이션이나 실질임금의 상승 등으로 인해서 실질가치의 하락을 겪을 위험이 상존하게 된다. 반면 연금제도는 슬라이드제도를 도입함으로써 임금상승과 물가상승의 항상적인 경향에 대한 안전판을 제공하게 되는 것이다.

이러한 제도적 의미를 갖는 슬라이드제도의 성취도를 평가할 수 있는 첫 번째 기준은 연금급여액의 상승을 물가에 연동시키는가 아니면 임금에 연동시키는가이다. 대체로 물가 연동방식이 급여의 삭감을 피하려는 소극적인 의미를 갖는다면, 임금에 따른 변화방식은 현역노동자와 퇴직노동자 간의 결속의 한 형태로 볼 수 있다. 역사적으로 노후소득의 시장원리에 의한 지배 및 저하를 막고자한 국가의 적극적 간섭을 보여주는 이 제도는 임금에 의한 연동방식이 물가에 의한 연동방식보다 연금수혜자에게 유리하게 작용하는 것으로 평가된다. 또한 발달된 슬라이드제도를 갖고 있는 것으로 평가되는 국가들인 스웨덴, 이탈리아, 노르웨이, 핀란드 등은 양자를 조합한 방식으로 연금급여액을 조정한다. 즉 임금과 물가 중에서 변동 폭이 큰 지수에 맞추어서 연금급여액의 상승을 추구하는 것이다. 슬라이드제도의 성취도를 평가할 수 있는 또 다른 기준은 지수조정의 빈도이다. 지수조정이 자주 이루어진다는 것은 급여액의 변동을 사회경제적 지표와 민감하게 결부시키려는 시도로 볼 수 있는데, 캐나다와 미국, 영국은 매년 급여액을 조정한다. 프랑스와 네덜란드는 2년에 한 번씩이다. 스웨덴은 가장 민감하다고 볼 수 있는데 소비자 물가지수가 2개월 이상 3%의 차이를 보일 때마다 급여액을 증가시킴으로써 개별 노인들의 생애 노후소득을 상승시킨다.

이 연구에서는 슬라이드제도의 성취도를 평가하는 방식은 다음과 같다.

연동기준과 연동시기를 결합하여 평가한다. 따라서 임금에 연동시키는 경우를 물가에 연동시키는 경우보다 높은 성취도를 갖는 것으로 평가하여 높은 등급을 매긴다. 또한 조정기간이 길수록 낮은 성취도를 갖는 것으로 평가하여 낮은 등급을 매긴다.[35]

이러한 방식을 통하여 국가별로 얻게 되는 성취도는 다음과 같다.

〈표 3-8〉 슬라이드제도의 사회적 적절성 측정 및 가산점수

비 고	등 급	점수(가중치 2)
호 주	2	40
오스트리아	9	180
벨기에	7	160
캐나다	7	160
덴마크	7	160
핀란드	10	200
프랑스	8	180
아일랜드	1	40
이태리	10	160
일 본	10	200
네덜란드	10	200
뉴질랜드	8	180
노르웨이	10	200
스웨덴	10	200
스위스	3	100
영 국	6	160
미 국	7	140
독 일	6	120

* 자료: Gordon(1988), U.S. Social Security Adminstration(1997)에서 재구성

---

35) 슬라이드제도와 관련된 가중치 부여는 마일즈의 연구에서 잘 나타나고 있다. 그는 최하소득 노동자의 소득 대체율과 유사한 비준으로 이 문제를 다루고 있는데, 전체 계층의 대체율과의 관련성을 비교해 본다면 본고에서 부과한 가중치가 적당하다고 볼 수 있다.

3) 적용대상의 보편성

적용대상의 범위는 사회적 적절성을 평가하는 데 기본적인 역할을 한다. 왜냐하면 해당 연금제도가 연금급여를 위한 높은 국가지출을 제도화하고 높은 임금 대체율을 자랑하는 것이라고 하더라도, 제도의 수혜대상이 전 국민 중 일부에만 국한된다면, 그리하여 제도의 혜택에서 제외되는 국민들이 존재한다면 그것은 복지원리에 어긋날 뿐 아니라, 보편적 복지국가의 형성에도 걸림돌이 될 수밖에 없기 때문이다.

수혜대상을 둘러싼 연금제도의 발전 정도를 평가하는 기준 중에서 가장 일차적인 고려의 대상이 되는 것은 보편적 연금제도의 도입 여부이다. 보편적 연금이란 국민 전체를 대상으로 하며 수혜자들에게 최저한의 생활을 보장한다는 것을 보여주는 지표이기 때문이다. 역사적으로 보았을 때 연금제도는 꾸준히 그 대상을 확대해 온 것으로 볼 수 있으며, 전 국민을 대상으로 하는 수혜대상의 확대를 향해 꾸준히 나아가는 추세라고 볼 수 있다.

국가 차원의 의무적인 노년보험제도를 최초로 도입(1889)한 국가인 독일과 산업화된 국가에서 거의 마지막으로 공적인 연금제도를 도입(1935)한 미국의 경우에도, 최초의 법률 제정 시에는 일부 노동계층만이 제도의 대상으로 포함되었다. 특히 독일의 경우는 빈민법의 전통을 반영하여 불구가 된 노동자에게 생계소득을 제공하고 노동자의 사망 시 가족에게 생활비를 지원하는 것을 목표로 했던 만큼 제한된 대상에 대한 급여였다고 볼 수 있다. 급진화되고 있었던 노동자들을 사회민주당의 영향력에서 벗어나 국가의 시혜하에 묶어두고자 했던 비스마르크의 입법은 70만 명의 연금수급자들을 만들어 내는 데 그쳤다.

국가주의적 경향을 보이는 나라들은 부분적인 공적 연금제도의 도입을 통해서 특수 계층의 정치적 지지를 유도해내려는 정치적 의도를 갖고 있었다. 이런 국가들의 경우에는 공무원이나 군인 등의 계층만을 대상으로 한 공적 연금제도의 도입이 그 출발을 이루는 경우가 많았다. 에스핑-안데르센은 이러한 국가들이 현대에 들어와서 연금지출과 관련해서 공무원 등의 특수 지위에 결부된 계층에 대하여 높은 비중의 급여를 제공하고 있음을 보여준다.

적용대상의 보편성이라는 요소를 통해서 사회적 적절성을 측정하는 방법은 먼저 '보편적 연금제도'를 도입했는가의 여부를 살펴보는 것이 될 것이다. 이 제도를 도입했을 경우에는 수혜대상 전부를 포괄한다는 의미를 갖기 때문이다. 그 외의 경우에는 공적기관에 고용되어 있는 집단, 노동계급, 농민, 자영업자, 그 외의 개인들－학생, 실업자 등－의 포괄 여부가 측정되어야 할 것이다. 또한 대상을 집단적으로 파악하는 것도 중요하지만 동시에 양적인 측면－전체 구성원 중에서 수혜대상이 차지하는 비율－도 동시에 파악되어야 할 것이다. 이를 위해서 다음과 같은 조작 및 지수화 과정과 측정방식을 도입한다. 우선, 보편적 연금제도를 수용하고 있는 국가의 경우에는 10등급을 부여함으로써 높은 보편성을 획득한 것으로 평가한다. 보편적 연금제도를 도입하고 있지 않은 국가들의 경우에는 공무원 등의 특수 계층과 노동자, 자영업자 등 여러 계층을 포함하는 국가들 중에서 실질적인 보편성을 획득했다고 여겨지는 국가들(95% 이상)과 그렇지 않은 경우(95% 이하)로 나누어 등급을 조정하며, 일부 계층만 포함하는 경우에는 낮게 평가하도록 한다.[36]

이러한 방식을 통해서 살펴본 국가별 성취도는 다음과 같다.

---

36) 적용대상과 관련하여 마일즈와 에스핑－안데르센은 낮은 가중치를 주거나 분석의 대상에서 제외하는 모습을 보여주고 있다. 그러나 이러한 사고방식은 발전된 복지국가의 제도만을 상정하는 오류를 범할 가능성이 높으며, 사용된 연구방법을 미발달국가로 확대할 경우에는 비교의 편협함을 벗어나기 어렵다. 따라서 이 글에서는 적용대상과 관련하여 일정한 가중치를 부여하는 것이 타당하다고 본다.

<표 3-9> 적용대상의 보편성을 둘러싼 국가별 성취도

비 고	등 급	점수(가중치 2)
호 주	8	160
오스트리아	8	160
벨기에	8	160
캐나다	10	200
덴마크	10	200
핀란드	10	200
프랑스	8	160
아일랜드	6	120
이태리	6	120
일 본	10	200
네덜란드	9	180
뉴질랜드	9	180
노르웨이	10	200
스웨덴	10	200
스위스	9	180
영 국	9	180
미 국	6	120
서 독	8	160

* 자료: Gordon(1988), U.S. Department of Health and Human Services(1998)
에서 재구성

4) 수급자격의 유연성

일반 시민들이 어느 정도로 연금제도에 접근할 수 있는가라는 문제는
사회적 적절성을 평가하는 데 중요한 기준이 될 수 있다. 보편적 연금제도
를 가진 국가에서는 연금제도의 일부 또는 전체의 혜택을 시민권을 가진
모든 사람에게 제공한다. 그러나 대부분의 나라에서는 전면적인 연금혜택
을 받을 수 있는 자격심사를 위해 엄격한 기준을 도입한다. 이 기준에 맞
지 않는 경우에 국민들은 전면적인 수급을 받을 수 없게 되며, 이러한 수

급자격의 경직도가 시민들로 하여금 연금제도에 유연하게 접근할 수 없도록 만든다.

캐나다, 네덜란드, 뉴질랜드, 스웨덴 등의 국가에서는 65세에 달한 국민들에게 그들의 퇴직 여부와는 관계없이 전면적인 연금급여를 제공한다. 이것은 노동시장 기준과는 관계없이 시민권에 따라 모든 노년층에게 지급하는 일률적인 혜택이라고 볼 수 있다. 연금급여의 조건으로서 퇴직을 문제 삼는가의 여부가 수급자격의 유연성에 끼치는 영향이 크므로 이에 대한 측정이 필요한 것이다.

가입기간 및 수급연령도 중요한 자격조건을 구성한다. 완전노령연금을 수급하기 위한 조건으로서 40년 가입에 65세 이상의 연령조건을 전제로 삼는 경우에는 근무경력이 지속적이지 못하거나 짧은 노동자가 전면적인 수급자격을 얻기가 어려우며, 특히 개인적인 이유에서건 제도적인 이유에서건 간에 불가피하게 65세 이전에 퇴직하는 인구는 전면적 수급에서 멀어지게 된다. 자산 및 소득에 대한 조사를 통해서 급여를 제공하는 방식도 제도의 부정적 평가에 영향을 미친다. 미국과 같은 경우에는 72세까지 근로소득에 비례해서 급여를 하향 조정하는 방식이 도입되어 있다. 이 경우에는 노동에 대한 의욕을 저하시키는 측면이 있으며, 개인적으로 연금급여 이상의 소득이 필요한 경우에 제도가 소득보장에 일정한 걸림돌로 작용할 가능성이 있다. 이처럼 자산 및 소득조사, 수급자격으로서 퇴직 여부, 그리고 수급연령에 대한 기준이 엄격하면 엄격할수록 시민들의 연금제도에 대한 접근은 어려워지기 때문에 사회적 적절성을 약화시킬 가능성이 높다. 따라서 수급자격의 유연성과 경직도를 국가별로 평가하여 측정하는 방식은 위의 세 가지 기준에 대한 항목별 구체화에 의해서 파악될 수 있을 것이다. 이상의 방식을 통해서 다음과 같은 측정결과를 얻을 수 있다.[37]

---

[37] 수급조건의 유연성에 대한 비중은 항상 높게 평가되어 왔다. 마일즈는 자산 조사와 연령 규정, 그리고 퇴직 여부를 분류하여 평가하고 있는데, 이를 통합적인 항목으로 구성하여 측정하는 방식이 보다 효과적이라고 여겨진다.

<표 3-10> 수급자격의 유연성을 둘러싼 국가별 성취도

비 고	자산/소득 조사	퇴직의 유연성	연령의 유연성	점수(가중치 2)
호 주	5	3	4	80
오스트리아	5	6	10	140
벨기에	5	8	10	154
캐나다	8	10	5	154
덴마크	8	8	5	140
핀란드	8	8	8	160
프랑스	5	6	8	126
아일랜드	5	3	4	80
이태리	5	6	8	126
일 본	5	8	8	140
네덜란드	8	10	5	154
뉴질랜드	8	10	5	154
노르웨이	10	8	5	154
스웨덴	10	10	8	183
스위스	8	10	5	154
영 국	8	3	5	106
미 국	5	6	8	126
독 일	5	8	8	140

* 자료: U.S. Social Security Adminstration(1997)
　　　 I.L.O(1990), Gordon(1988)에서 재구성

5) 사회적 적절성의 종합적 측정

OECD 18개 국가를 대상으로 하여 연금제도의 사회적 적절성을 평가할 수 있는 4가지 요소인 소득 대체율, 슬라이드제도, 적용대상 그리고 수급자격의 유연성에 대해서 살펴보았다. 각 구성요소별로 등급화를 통해 측정된 사회적 적절성의 지수는 <표 3-11>와 같이 종합할 수 있다.

〈표 3-11〉 OECD 18개 국가의 사회적 적절성 측정결과(항목별 가산점)

비 고	대체율(400)	슬라이드(200)	적용대상(200)	수급자격(200)
호 주	168	40	160	80
오스트리아	260	180	160	140
벨기에	188	160	160	154
캐나다	148	160	200	154
덴마크	148	160	200	140
핀란드	260	200	200	160
프랑스	240	180	160	126
아일랜드	144	40	120	80
이태리	312	200	120	126
일 본	292	160	200	140
네덜란드	212	200	180	154
뉴질랜드	200	180	180	154
노르웨이	264	200	200	154
스웨덴	320	200	200	183
스위스	204	100	180	154
영 국	152	120	180	106
미 국	216	160	120	126
독 일	192	120	160	140

측정의 결과는 다음과 같이 요약해 볼 수 있다. 스웨덴, 핀란드, 노르웨이 등의 스칸디나비아 국가군은 각 항목에 걸쳐서 고른 점수를 받으면서 높은 사회적 적절성을 보여주는 것으로 나타났다. 따라서 이러한 국가들은 연금제도의 운영과 발전에 있어서 국민들에게 높은 대체율, 유연한 수급조건, 광범한 포괄범위, 그리고 물가나 생활수준상의 변화에 대한 높은 민감성 등을 보여준다고 하겠다. 이러한 국가들에서 연금제도는 노후의 삶을 보장해주는 안전망으로서의 역할을 하고 있으며, 최소한의 수준을 넘어서는 삶의 질을 제공해주고 있다고 여겨진다.

미국, 영국, 호주, 아일랜드, 그리고 독일 등은 낮은 점수의 분포도를 보인다. 이러한 국가들에서는 연금제도의 사회적 적절성이 낮게 나타나는 것으로 보아, 연금제도의 안전망으로서의 기능이 약하게 작용하고 있다고 볼 수 있다. 결국 이러한 국가들은 사회적 적절성보다는 개별적 형평성에 의거하여 연금제도를 운영하고 있으며, 복지원리보다는 보험원리에 충실하다고 볼 수 있고 따라서 자유주의적인 복지체제를 형성하고 있다고 볼 수 있다.

2. 재분배 성취도 측정

복지국가가 재분배적 성격을 갖는가에 대한 논쟁은 사회복지이론의 주요한 논쟁점들 중의 하나이다.[38] 네오 맑시즘 진영의 부정적 견해와는 달리 계급불평등을 완화시키는 기제로서 복지국가의 위상을 고찰할 경우에는 다양한 측면에서의 연구가 가능하다. 특히 복지국가가 제공하는 급여, 서비스, 생활조건 등을 통해서 계급적 불평등을 완화시키며 사회적 평등을 확장시킨 결과를 가져온 것으로 파악하는 경험적 연구는 에스핑-안데르센의 저작(예컨대 Esping-Andersen, 1990)을 통해서 살펴볼 수 있다. 이처럼 복지국가가 사회의 불평등을 완화시키는 역할을 하며, 평등을 고취하는 기제라면 복지국가의 핵심적 구성요소인 연금제도의 재분배적 성격을 파악하는 것은 연금제도의 성취도를 평가하는 데 중요한 잣대가 될 수 있을 것이다.

연금제도의 재분배적 성격을 파악할 수 있는 방식은 다양하게 존재할 수 있을 것이나, 측정 가능하면서도 제도의 구성과 운영에 중요한 역할을 하는 네 가지 요소들을 비중별로 아래와 같은 가중치를 두어서 살펴보도록 하겠다. 기여의 구성방식과 급여의 구성방식에서 사회적 자원이 고소득

---

38) 복지국가의 재분배적 성격에 대한 부정적 주장은 맑스주의 진영에서 주로 이루어졌으며(김태성 외, 1993: 138-147 참조), 이러한 논의는 복지국가가 독점자본의 기능적 필요성에 의해 구성된 모순적 실체라는 측면을 집중적으로 부각시킨다. 반면에 마샬과 하이만 등의 긍정적 견해로부터 시작해서 에스핑-안데르센의 경우에 이르면, 복지국가는 사회적 평등을 추구하는 하나의 기제로 파악되기 시작한다.

층에서 저소득층으로 이전되도록 유도하는 장치들은 재분배의 중요한 차원들이므로 높은 가중치를 두는 것이 타당하다고 하겠다. 정부의 재정지원 역시 그 재원을 세수에 두고 있으므로 재분배적 성격을 갖는 것으로 판단한다. 그리고 마지막으로 살펴볼 소득 상한액상의 제한은 고소득층의 소득을 제한하여 저소득층으로의 이전을 꾀한다는 의미에서 추가적으로 살펴보고자 한다. 이와 더불어 연금제도의 재분배성을 측정하기 위하여 각 항목에 부여되는 가중치를 각 소절에서 함께 살펴볼 수 있다.

1) 정부의 지원

복지국가에서 제도의 운영 및 개선을 위해서 국가가 수행하는 역할은 막대하다. 이러한 국가의 역할은 크게 두 가지로 나누어 살펴볼 수 있다. 먼저 국가는 사회보장제도의 원활한 시행을 위해 제도의 운영 및 개선을 추구하는 행정적 노력을 기울인다. 우리는 이를 국가의 간접적 역할이라고 볼 수 있다. 국가는 국민의 복지향상을 위한 정책을 입안하고 실행하며, 국민들의 복지제도에 대한 접근을 구조화하려는 노력의 대부분을 담당한다. 복지시행을 위한 정부의 행정적 역할은 현대국가가 수행하는 역할의 많은 부분을 차지해 왔다.

이러한 역할과는 달리 국가는 예산의 집행을 통해서 복지의 제공에 직접적으로 개입하기도 한다. 선진복지국가들의 경우에 사회보장을 위한 지출은 정부 예산의 30-50%대를 차지하고 있다. 정부는 과도한 재정적자의 부담을 무릅쓰고 이러한 직접적 역할을 수행하고 있으며, 정부의 재정적자 문제가 사회적 논쟁의 핵심으로 제기되고 있다는 사실 자체가 정부의 이러한 적극적 역할을 반증하는 것이라고 하겠다.

이상과 같은 국가의 노력은 연금제도의 재분배적 성격에 일정한 영향을 미친다고 볼 수 있다. 먼저 행정적 역한과 관련하여 국가는 국민적 복지의 제공을 위한 제도적 장치를 마련하고 행정적 역할을 수행한다. 정부의 이러한 노력에 필요한 재원 등은 결국 세수를 통해서 지원되므로, 노령복지를 위한 노력에 할당되는 국가역량의 정도가 곧 재분배 성취도의 척도가 될 수 있을 것이다. 또한 정부가 직접적으로 제공하는 재정적 지원도 중요한 요소가 될 수 있다. 정부는 연금제도의 재정에 대해서 일반재정에 기초하여 일정한 보조를 상례화시켜 놓고 있으며, 특히 연금재정의 적자가 나타나는 경우에는 국가적 차원에서 보조를 해줄 수밖에 없다.

정부의 개입은 이상의 두 가지 방식을 통해 연금제도의 재분배 성취도에 영향을 끼친다. 국가의 간접적 노력의 크기를 측정하는 것은 매우 어려운 일이 될 것이지만, 직접적인 재정적 지원은 정부의 예산 편성에서 쉽게 확인할 수 있을 것이다. 여기서는 이 두 가지 방식에 의해서 국가가 제공하는 서비스를 정부의 연금지출이 GDP에서 차지하는 비율로서 측정하고자 한다. GDP 대비 연금지출비율은 국가에 의한 두 가지 서비스 제공방식을 복합적으로 측정할 수 있는 유일한 지표라고 생각된다. 간접적인 노력의 경우에 국가별로 그 양상이 다양하겠지만 이러한 노력의 효과는 연금 분야에 대한 정부의 재정적 지원을 통해서 우회적으로 측정될 수 있을 것이기 때문이다.

이상과 같은 방법으로 연금제도에 대한 보조를 국가별로 분류하여 높은 수준의 재정보조를 하는 국가들을 높은 수준의 재분배 성취도를 지닌 국가로 파악하는 것이 가능할 것이다.[39] 측정결과는 아래와 같다.

---

39) 한편 이 지수의 가중치 평가는 정부의 지원이 갖는 재분배 효과의 정도를 통해서 알아볼 수 있다. 정부의 지원은 개별 수급자를 대상으로 직접적으로 제공된다기보다는 간접적인 방식으로 제공되기 때문에 재분배 효과가 가장 높은 요소로 보기는 어려우나, 정부의 재정적 지원이 연금제도에서 차지하는 비중과 그 비중의 증대를 감안하여 살펴볼 때 3의 가중치를 부여하는 것은 적당하다고 여겨진다.

<표 3-12> 정부지원에서 나타나는 재분배 효과

국 가	등급(가중치 3)	국 가	등급(가중치 3)
호 주	2	일 본	3
오스트리아	8	네덜란드	7
벨기에	5	뉴질랜드	10
캐나다	2	노르웨이	6
덴마크	6	스웨덴	10
핀란드	6	스위스	6
프랑스	9	영 국	5
아일랜드	4	미 국	3
이태리	7	독 일	9

* 자료: U.S. Social Security Adminstration(1997), ILO(1989), ILO(1990), OECD (1985), Davis(1996), U.S. Department of Health and Human Services(1998)에서 재구성

2) 기여구성방식 – 재원조달방식

연금제도의 재정은 수혜자의 보험료, 고용자의 보험료, 그리고 국가의 재정지원 등으로 구성된다. 이때 연금재정이 구성되는 방식은 제도의 재분배성을 평가하는 중요한 자료가 된다.

각국에서 기여가 구성되는 방식을 요약해 보면, <표 3-13>와 같이 정리할 수 있다.

<표 3-13> 연금제도의 국가별 기여구성방식

비 고	전 담	피용자와 사용자가 동일부담	차등부담 피용자/사용자(%)	비 고
호 주	정부전담			정부 전액
오스트리아			10.25/12.55	
벨기에			7.51/8.9	
캐나다		동 일	2.1/2.1	
덴마크			정액제	사용자가 두배
핀란드	공동부담			보편연금만 1.55%
프랑스			7.6/8.2	
아일랜드			6.5/12.33	
이태리			7.15/18.06	
일 본		동 일	6.2(후생연금)	정액제(국민연금)
네덜란드				소득세로대체
뉴질랜드	정부전담			정부 전액
노르웨이			7.9/17.2	
스웨덴	공동부담		사용자-보편(9.45), 소득비례(11.0). 정부는 보편연금의 25% 담당	
스위스		동 일	4.2	
영 국			9.5/10.4	소득수준에 따른 차등률
미 국		동 일	6.06	
독 일		동 일	9.35	

* 자료: 정경희(1997), Social Scurity Adminstration(1997)에서 재구성

　　일차적으로 재정의 근원을 수혜자의 보험료에 의존하는 방식이 가장 보편적으로 사용된다. 연금제도는 사회보험의 일종이기 때문에 수급자가 보험료를 납입하는 것은 상식으로 통해왔다. 그러나 스웨덴 등의 경우처럼 수혜자는 일체의 보험금을 납부하지 않는 방식도 존재한다. 이러한 방식을 채택하는 경우는 소득 재분배의 효과를 극대화시킬 수 있다. 가입자가 재정적 부담을 지지 않을 경우에는 두 가지 방식으로 재정을 유지하게 된다. 먼저 정부와 고용주가 분담하는 경우에 이는 소득의 역진적 이전에 큰 효

과를 발휘하게 될 것이다. 정부가 전담하는 경우도 있는데, 이는 앞의 사례보다는 미약하지만 사회불평등의 완화에 큰 기여를 하게 된다.

〈표 3-14〉 기여구성에서 나타나는 재분배 효과

국 가	등급(가중치 4)	국 가	등급(가중치 4)
호 주	9	일 본	4
오스트리아	6	네덜란드	10
벨기에	6	뉴질랜드	9
캐나다	4	노르웨이	8
덴마크	8	스웨덴	10
핀란드	10	스위스	4
프랑스	5	영 국	6
아일랜드	7	미 국	4
이태리	8	독 일	4

* 자료: U.S. Department of Health and Human Service(1998), 김태성(1991), 정경희(1997)에서 재구성

피고용자와 고용주가 분담하는 경우에는 분담비율을 통해서 소득 재분배의 정도를 측정할 수 있다. 고용주 부담의 비율이 커지면 커질수록 역시 재분배성이 강하게 나타난다. 가장 일반적으로 나타나는 방식은 3자 분담하에 고용주와 피고용자가 동일하게 부담하는 방식이다. 각각의 경우를 등급화하기 위해서 다음과 같은 분류방식을 사용하도록 한다. 피고용자는 부담하지 않는 상태에서 정부와 고용주가 분담하는 경우와 정부가 전담하는 경우에 가장 높은 등급이 매겨진다. 그 다음으로 피고용자도 부담할 경우에는 사용자의 부담과 비교하여 낮은 비율을 부담할수록 높은 등급을 매긴다. 가장 낮은 등급은 고용주와 피고용자가 동일 부담하는 경우에 부여된다.[40] 이상의 방식을 통해서 측정한 국가별 기여구성방식의 성취도

40) 기여구성방식에 대한 가중치 부여는 에스핑－안데르센이 탈상품화 지수를 평가하는 작업에서 나타나듯이, 수급자 개인의 직접적인 부담을 표현하고

는 〈표 3-14〉와 같다.

3) 급여구성방식

계층별로 편성되는 수혜자 간 급여의 편차는 연금제도의 재분배 효과를 구체적으로 측정하는 데 빠트려서는 안 될 항목이다. 이를 측정하기 위해서는 국가별로 계층에 따라 차등적으로 제공되는 급여의 분배체계에 대한 연구를 필요로 한다. 급여의 구성방식은 나라별로 차이가 있다. 정액급여와 소득 관련 급여의 이중적 체계로 구성되는 국가들이 다수를 차지하지만, 계층별로 일괄적인 급여나 정률제의 급여를 제공하는 국가들도 있다. 이처럼 국가별로 급여의 분배체계, 분배비율, 분배방식 등은 다양한 양태를 나타내고 있으며, 이것이 급여구성의 재분배적 효과를 측정하기 어렵게 만드는 원인 중의 하나가 되고 있다.

본 연구에서는 국가 간 급여구성의 차이를 비교하기 위한 지표로서 임금 대체율의 계층별 차이를 살펴보고자 한다. 이 지표는 급여의 평면적 비교가 가져올 수 있는 위험[41]들을 피할 수 있는 이점을 제공한다고 여겨진다.

대부분의 국가에서 급여는 계층별로 상이한 대체율의 수준에서 제공된다. 특히 하층의 대체율은 대부분의 국가에서 상층의 대체율보다 높은 것이 현실이다. 급여구성의 재분배적 효과를 살펴보기 위해서 우리는 다음과 같은 방식을 사용할 수 있을 것이다. 먼저, 하위소득층의 급여 대체율에는 가산점을 부여하도록 한다. 그리고 하위소득층의 급여 대체율과 중간소득

있으므로 재분배 효과가 가장 높게 드러날 수 있으며, 이러한 사실에 의거하여 높은 가중치를 부여할 수 있다.

41) 예를 들면 달러로 환산했을 경우의 국가별 액수의 차이를 비교하는 방식 등은 국가별로 다양한 사회적 배경을 무시한 채 양적인 비교라는 일면적인 모습을 보여줄 가능성이 있다. 중요한 것은 제공되는 급여의 절대액의 크기가 아니라 퇴직 전 생활수준의 유지를 가능하게 하는 수준의 급여이기 때문이다.

층의 급여 대체율을 비교하여, 후자에 대한 전자의 비율을 계산한 후에, 위의 두 요소를 합산하여 국가별로 급여구성에서 나타나는 차등적 체계를 점수로 산정한다. 마지막으로 산정된 점수에 맞는 등급을 결정하여 국가별 재분배성을 측정한다.[42] 이러한 방식을 통하여 아래와 같은 측정결과를 얻을 수 있다.

<표 3-15> 급여구성에서 나타나는 재분배 효과

비 고	측정치	등급(가중치 4)
호 주	10.5	7
오스트리아	9.85	5
벨기에	10.2	6
캐나다	10.5	7
덴마크	10.5	7
핀란드	11.5	9
프랑스	11.7	9
아일랜드	8.75	3
이태리	14.6	10
일 본	16.4	10
네덜란드	11.9	9
뉴질랜드	10.5	7
노르웨이	11.7	9
스웨덴	14.6	10
스위스	10.2	6
영 국	8.75	3
미 국	10	6
독 일	8.3	2

* 자료: Espina(1996), E.C.(1993), Davis(1996), Gordon(1988)에서 재구성

---

42) 급여구성방식을 통해서 재분배 효과를 확인하는 작업은 급여의 제공이 수급자에게 가장 현실적인 지표가 된다는 점에서 ㄱ 이익를 보다 분명히 확인할 수 있다. 따라서 체감 재분배 지수라고도 볼 수 있는 이 지수에 대해서 높은 재분배 효과를 부여하는 것은 이론적 타당성이 있다고 여겨진다.

4) 소득 상한액

국민연금제도의 보험료 갹출 시에 사회의 상층부에 대해서는 그들의 소득 전부를 대상으로 하지 않고 일정한 상한액을 설정하여 그 이내에서만 보험료를 부과시키는 경우가 있다. 이처럼 연금제도에 소득 상한액을 설정하는 것은 일정 수준 이상의 소득을 올리는 최상층들이 납부하는 기여를 일정액으로 묶어두는 효과를 갖는다. 따라서 이 제도적 장치는 연금제도의 재분배 효과를 약화시키는 역할을 한다.(Gordon, 1988: 76-77). 소득 상한액을 설정하지 않는 국가들의 재분배 성취도는 높게 나타날 것이다. 하지만 이러한 장치를 연금제도에 포함하고 있는 국가들의 재분배 성취도를 측정하는 것이 보다 더 중요하다.

이 글에서는 소득 상한액을 평균소득과 비교하여 높게 잡는지 낮게 잡는지를 살펴보려고 한다. 즉 이 장치가 작동되는 연금제도를 갖고 있는 국가들이라 하더라도, 상한액에 포함되는 계층의 범위가 많은 경우와 그렇지 않은 경우가 있을 것이므로, 그 정도를 측정하는 방식을 통해서 국가별 재분배성을 비교해 보고자 하는 것이다. 물론 소득 상한액을 실시하지 않는 국가의 연금제도가 가장 높은 등급을 얻게 된다. 그렇지 않은 경우에는 평균소득과 비교하여 평균소득보다 소득 상한액이 높게 잡혀있으며 잡혀있을수록 재분배성이 높은 것으로 평가하고자 한다.43) 이러한 방식을 통해서 측정된 국가별 재분배 효과는 다음과 같다.

---

43) 소득 상한액을 통해서 제도의 국가별 재분배 효과를 파악하는 것은 상위 계층의 제도에 대한 포섭 여부를 파악할 수 있다는 데에서 일정한 의미를 지닐 수 있지만, 전반적으로 높은 재분배 효과를 기대하기는 어렵다고 보여진다. 따라서 이 지수에 대해 낮은 가중치를 부여하는 것이 타당하다고 여겨진다.

〈표 3-16〉 소득 상한액에서 나타나는 국가별 재분배 효과

국 가	등급(가중치 1)	국 가	등급(가중치 1)
호 주	n.a.	이태리	10
오스트리아	5	일 본	6
벨기에	10	네덜란드	5
캐나다	2	뉴질랜드	10
덴마크	10	노르웨이	9
핀란드	10	스웨덴	9
프랑스	4	스위스	10
아일랜드	5	영 국	5
독 일	5	미 국	6

* 자료: Gordon(1988), Esping-Andersen(1996)에서 재구성

5) 재분배 성취도의 종합적 측정

OECD 소속 18개 국가를 대상으로 하여 재분배 성취도를 구성하는 네 가지 항목들 - 정부의 지원, 급여의 구성, 재원조달방식, 소득 상한액 - 을 살펴보았다. 각 구성요소별로 등급화를 통해 측정된 재분배 성취도는 다음과 같다.

〈표 3-17〉 OECD 18개 국가의 재분배성 측정결과(항목별 등급)

	소득상한	기여의 구성	급여의 구성	정부지원
호 주	n.a.	9	7	2
오스트리아	5	6	5	8
벨기에	10	6	6	5
캐나다	2	4	7	2
덴마크	10	8	7	6
핀란드	10	10	9	6
프랑스	4	5	9	9
아일랜드	5	7	3	4
이태리	10	8	10	7
일 본	6	4	10	3
네덜란드	5	n.a.*	9	7
뉴질랜드	10	9	7	10
노르웨이	9	8	9	6
스웨덴	9	10	10	10
스위스	10	4	6	6
영 국	5	6	3	5
미 국	6	4	6	3
독 일	5	4	2	9

* 소득세로 대체

　　측정의 결과를 요약해 보면 첫째, 스칸디나비아 국가군이 역시 재분배성취도에서도 높은 점수를 얻어서 불평등의 완화에 일정하게 기여할 수 있는 개연성을 보여주고 있다. 이들 국가에서 연금제도는 정부의 적극적인 지원과 저소득층에 대한 역진적 급여방식, 그리고 저소득층에 유리한 기여방식 등을 통해서 노년층의 불평등을 완화시키는 효과를 발휘하고 있으며, 나라 전체적으로도 재분배적 효과를 발휘한다고 볼 수 있다. 그리고 미국, 영국 등의 나라에서는 노년층 내부의 불평등에 대한 제도적 완화장치가 미흡한 것으로 나타나고 있다. 연금제도의 운영과 재정적 지원에 대한 정

부의 소극적 태도와 기여와 급여의 구성에서 나타나는 비분배적 성격은
이들 국가의 노년을 상대적 빈곤으로 몰아넣을 가능성을 보여준다. 마지막
으로 프랑스, 일본, 덴마크 등의 국가는 비교적 중간정도의 재분배성을 보
여준다. 이 국가들에서는 정부가 적당한 개입과 급여/기여의 일정한 조절
을 시도하지만 노년층의 불평등체계를 적극적으로 완화시키려 나서지는
않고 있다고 여겨진다.

3. 연금제도의 국가별 유형화

앞의 두 절을 통해서 우리는 OECD 18개 국가의 연금제도를 사회적 절
절성과 재분배성에 의거해서 살펴보았다. 두 범주에 대한 국가별 성취
도를 100점 만점으로 환산하여 종합적으로 나타내 보면 아래의 표와
같다.

<표 3-18> OECD 18개 국가 연금제도의 성취도 측정결과 종합

비 고	사회적 적절성	재분배성
호 주	49	68
오스트리아	74	58
벨기에	66	65
캐나다	66	43
덴마크	64	72
핀란드	84	88
프랑스	71	68
아일랜드	38	48
이태리	75	89
일 본	72	61
네덜란드	75	75
뉴질랜드	71	80
노르웨이	82	80
스웨덴	90	100
스위스	64	60
영 국	56	47
미 국	62	48
독 일	61	43

각국의 연금제도가 획득한 재분배 성취도와 사회적 적절성 점수를 이용하여 국가별 '연금제도의 유형화'를 시도해 보았다. 우선 18개 OECD 회원국들 중에서 연금제도의 재분배 성취도와 사회적 적절성이라는 두 측면에서 서로 유사하다고 간주될 수 있는 하위 범주가 발견되는지를 살펴보기 위해 군집분석(Cluster Analysis)을 실시하였다. 그 결과 18개국은 사회적 적절성과 재분배 성취도라는 두 측면에서 서로 유사하다고 간주될 수 있는 다음과 같은 동질적인 3개의 국가군으로 범주화될 수 있음이 드러났다.

우선 18개 국가들을 사회적 적절성과 재분배라는 두 차원으로 이루어진 평면상의 각 점들로 간주할 때 이들 국가들 간의 유사성은 이 평면상의 각 점 간의 유클리드 거리로 포착될 수 있다. 군집분석은 이 거리를 점들 간의 유사성의 기준으로 삼아 거리가 가까운(즉, 유사성이 높은) 점들을 하나의 동일 클러스터 속에 묶어주는 통계기법이다. 다음은 이러한 방법에 의해 18개 국가들을 적절성과 재분배의 측면에서 유사하다고 간주될 수 있는 국가들로 나눈 결과이다.

〈표 3-19〉 군집분석에 의한 18개국의 범주화

국 가	소속군집(Cluster)	국 가	소속군집(Cluster)
스웨덴	1	벨기에	2
핀란드	1	덴마크	2
이태리	1	스위스	2
노르웨이	1	호 주	2
뉴질랜드	1	캐나다	3
네덜란드	2	미 국	3
일 본	2	독 일	3
오스트리아	2	영 국	3
프랑스	2	아일랜드	3

한편 다음 표는 각 군집의 특성을 요약 비교하기 위해 각 군집의 중심치(final centers)를 제시한 것이다.

〈표 3-20〉 각 군집별 중심치

군집(cluster)	사회적 적절성	재분배성
1	80.4000	87.4000
2	66.8576	65.8750
3	56.6000	45.8000

여기서 우리는 군집 1에 속하는 국가군들은 전체적으로 가장 높은 적절성과 재분배를 자랑하는 반면 군집 2, 군집 3에 속하는 국가들에서는 차례로 적절성과 재분배의 수준이 낮아짐을 알 수 있다. 그리고 군집 2와 군집 3을 비교해 볼 때, 적절성에 있어서의 차이보다는 재분배에 있어서의 차이가 더욱더 현격함을 알 수 있다. 한편, 다음 표에서 제시된 일원변량분석(one-way ANOVA) 결과를 보아서도 알 수 있듯이, 이러한 군집 간 차이는 통계적으로 유의미하다고 할 수 있다.

<표 3-21> 군집 간 차이의 검증을 위한 일원변량분석

	Cluster		Error		F	Sig.
	Mean Square	df	Mean Square	df		
적절성	713.918	2	80.353	15	8.885	.003
재분배	2164.368	2	36.592	15	57.149	.000

이 분석결과를 통해 우리가 이끌어낼 수 있는 통찰은 다음과 같다. 18개 OECD 회원국들은 재분배 성취도와 적절성이라는 기준으로 살펴보았을 때 서로 유사하다고 간주될 수 있는 3개의 그룹으로 나누어질 수 있다. 그중 그룹 Ⅰ의 국가들은 높은 적절성과 재분배성이라는 특징으로 구별될 수 있지만, 그룹 Ⅱ와 그룹 Ⅲ은 다소 세심한 고찰을 요구한다. 그룹 Ⅱ의 호주와 그룹 Ⅲ의 아일랜드를 제외하면 대부분의 국가들은 유사한 정도의 사회적 적절성을 보여준다. 반면, 이 두 그룹의 재분배성은 뚜렷한 정도의 차이를 보여주고 있음을 지적할 수 있다. 따라서 Ⅱ 그룹과 Ⅲ 그룹 간의 분화의 기준은 재분배성의 정도임을 알 수 있다.

따라서 우리는 측정된 재분배성과 사회적 적절성의 정도라는 기준에 의거하여 각국의 연금제도를 다음과 같은 방식으로 분류해 볼 수 있다.

<표 3-22> 연금제도의 국가별 유형화

		재분배성		
		상	중	하
사회적 적절성	상	**그룹 Ⅰ** 스웨덴, 노르웨이, 핀란드, 이태리, 뉴질랜드		
	중		**그룹 Ⅱ** 네덜란드, 프랑스, 덴마크, 오스트리아, 일본, 벨기에, 스위스, 호주	**그룹 Ⅲ** 캐나다, 미국 영국, 독일, 아일랜드

　분류의 결과를 통해서 유형화된 국가들을 살펴보면, 먼저 높은 적절성과 재분배성을 보여주는 국가 유형(Ⅰ 그룹)으로서 스웨덴, 핀란드, 노르웨이, 이태리, 뉴질랜드가 포함된다. 이러한 국가들의 연금제도는 포괄적인 대상에 대해 적절한 소득을 보장해주므로 노인들의 효과적인 안전망으로 작동함은 물론 사회적 불평등의 체계에 대하여 일정한 재분배적 효과를 내포하고 있는 것으로 판단할 수 있다. 이 국가들의 연금제도를 이러한 성격에 의거하여 '분배적 보장형'의 연금제도로 분류한다.

　중간 정도의 사회적 적절성과 중간정도의 재분배성을 보여주는 국가 유형(Ⅱ 그룹)에는 네덜란드, 덴마크, 프랑스, 벨기에, 일본, 오스트리아, 스위스, 호주가 포함된다. 이 국가들은 노년의 삶에 대해 재분배성과 적절성에서 높은 수준은 아니지만 일정한 정도의 성취도를 이뤄냈다고 여겨진다. 이 국가들을 '단순보장형'의 연금제도를 가진 국가들로 분류한다.

　마지막으로 중간정도의 적절성과 낮은 수준의 재분배성을 보여주는 국가들(Ⅲ 그룹)이 있다. 따라서 이러한 국가군은 사회적 불평등의 완화에는 관심이 없으며 단지 연금제도를 통해서 노년의 최소한의 안전만을 추구한다고 볼 수 있다. 이러한 국가의 연금제도를 '불평등 온존적 보장형'으로 분류한다. 각 유형에 속하는 국가들의 제도적 특징을 보다 구체적으로 살펴보면 다음과 같이 정리될 수 있다.

1) 분배적 보장형

스웨덴, 핀란드, 노르웨이, 이태리, 뉴질랜드가 이러한 유형의 국가에 속한다. 이 유형에 포함되는 국가의 연금제도는 다음과 같은 구체적 특성을 갖는다.

복지천국으로 평가받는 스웨덴은 재분배성을 평가하는 네 가지 항목에서는 모두 1등급에 소속되어, 현실적으로 측정할 수 있는 재분배의 기제가 가장 완벽하게 구현되고 있는 연금제도를 가지고 있다고 평가할 수 있다. 또한 사회적 적절성을 평가하는 네 가지 항목에서는 모두 가장 높은 점수를 보여주어 복지의 천국이라는 평가가 연금제도에서도 통용되고 있다는 사실을 확인할 수 있다. 따라서 스웨덴의 연금제도는 노후생활의 안전성 보장과 노년층 내부의 불평등을 완화시키는 효과를 갖는다.

핀란드와 노르웨이는 스웨덴의 연금제도가 이룬 성취도에는 다소 못 미치지만, 유사한 정도의 적절성과 재분배성을 성취하고 있으며, 연금제도를 통한 노년층의 삶의 안전성과 평등성을 상당정도 성취했다고 평가할 수 있다.

뉴질랜드는 다소 독특한 방식의 노년보장체계를 가지고 있는 국가이다. 뉴질랜드는 사회보험으로서의 연금제도를 갖고 있지는 않다. 다시 말해서 기여에 근거한 권리로서의 연금제도를 시행하고 있지는 않다. 대신에 뉴질랜드는 모든 노년층에게 수당을 제공함으로써 노년복지의 보편성과 일관성을 획득하고 있다. 뉴질랜드는 사회적 적절성 지수보다는 재분배 성취도 지수가 더 높게 나타난다. 이러한 현상은 일반재정에 의거한 수당제공 방식이 보여주는 특성인데, 국가가 재정에 대한 전면적인 책임을 지고 일정수준의 소득을 사회통합 차원에서 보장함으로써 소득의 역진적 분배가 이루어지고, 따라서 급여의 재분배적 성격도 높게 나타난다. 반면, 사회적 적절성은 재분배에 비해 다소 낮은 성취도를 보여주는데, 대체율의 수준—특히 중상층의 경우—이 이처럼 낮은 평가를 받게 한 이유가 된다. 그러나 사회적 적절성이 재분배 지향적 보장형의 여타 국가들에 비해 매우 낮음에도 불구하고 뉴질랜드는 높은 재분배 성취도 점수를 획득했기 때문에 재분배 지향적 보장형 국가의 대열에 합류할 수 있었다고 여겨진다.

이태리는 예외적으로 높은 평가를 받은 국가로 볼 수 있다. 이러한 평가의 원인은 사회적 적절성과 재분배성에서 나타난 대체율의 높은 등급과 그에 따른 급여구성의 효과에 일차적으로 기인하고 있다. 이태리는 하층을 비롯한 전 계층의 소득 대체율이 스웨덴 다음으로 높게 나타나서 높은 사회적 적절성 평가를 얻어내고 있으며, 나아가 급여의 구성에서 나타나는 재분배 효과에서도 스웨덴 등과 더불어 가장 높은 평가를 받고 있다. 또한 기여구성방식을 나타내는 〈표 3-15〉에서도 나타나듯이 고용주가 노동자보다 2배가 넘는 기여금을 부담함으로써 높은 재분배 효과를 기대할 수 있게 한다.

분배적 보장형 국가들의 연금제도는 앞장에서 살펴본 복지원리에 대한 충실도를 보여주는 국가군으로 파악할 수 있다. 보험원리의 측면이 완전히 제거된 것은 아니지만, 복지원리의 실현이 구성요소에 자리잡고 있으며, 이러한 요소들을 통해서 보편주의적인 복지의 수행을 획득하고 있는 나라들로 볼 수 있다.

2) 단순보장형

단순보장형 국가들은 호주를 제외하고는 중간정도의 사회적 적절성과 재분배성을 보여주는 국가들이다. 이 국가들은 연금제도를 통해서 노년의 소득을 일정 정도 보장해 주는 측면이 존재하지만, 이러한 보장이 노년의 삶에 대한 보편적이며 적극적인 재분배의 노력으로까지는 나아가지 못하고 있는 국가들로 볼 수 있다. 이러한 국가들에서 노년의 삶은 어느 정도의 안전성을 획득하고 있기는 하지만, 노년층이 사회적 서열체계에서 차지하는 불평등한 위치나, 노년층 내부의 불평등이 효과적으로 해소되지는 못하고 있다. 이 유형에 속하는 국가들의 특징은 나라마다 다양하여 일관성을 결여하고 있다.

집단주의적인 노년보호 및 사회보장의 형태를 보이는 국가들을 먼저 살펴보면 다음과 같다. 프랑스, 스위스, 벨기에, 오스트리아 등의 국가들은 가톨릭의 영향을 받아서 강한 집단주의적 경향이 있으며, 이러한 이데올로기적 유산은 일정한 정도의 사회적 적절성을 보장하는 효과를 낳는 것으로 파악된다.44) 더불어 일본의 경우에도 종교적 속성은 아니지만 국가주의적 경향을 통해서 유사한 결과를 낳은 것으로 볼 수 있다.45)

호주 같은 경우는 강제 사보험을 통해서 노년의 삶을 보장하려 하고 있다. 이러한 경우에 노년의 삶은 시장에 대한 의존성을 나타내기 쉬우며, 그 결과는 낮은 사회적 적절성으로 나타나고 있다. 반면, 호주는 정부가 노년보장을 위한 재정부담을 전액 떠안는 방식을 취하고 있으며, 재원조달 방식이나 급여방식이 저소득층에게 유리하도록 되어있다. 이러한 경우에 재분배 성취도는 높게 나타날 수밖에 없으며, 이것이 호주가 낮은 적절성에도 불구하고 단순보장형 국가에 포함된 원인이 될 수 있다.

---

44) 종교가 복지발전에 끼친 결과에 대해서는 Higgins(1981) 참조. 히긴스는 종교가 복지발전에 준 영향으로서 사상적 측면과 복지제공자로서의 역할을 강조한다. 궁극적으로 이러한 종교적 유산이 복지제도에 강하게 남아있는 국가들의 경우에는 개인적 비복지에 대한 집단적 차원에서 충족시켜주는 경향이 강하며, 이러한 경향은 집단주의적인 복지체제의 형성에 일정 정도 기여했던 것으로 볼 수 있다.

45) 일본의 복지국가의 발달에 영향을 끼친 국가주의의 역사와 과정에 대해서는 이혜경(1993) 참조. 일본은 국가주도의 발전전략과 천황중심의 정치체제로부터 유래하는 국가주도의 복지체제를 갖춘 것으로 볼 수 있으며, 이러한 경향은 국민들의 복지욕구에 대해서 보편적 복지의 제공은 아니더라도 최소한의 사회적 적절성을 유지시키는 방향으로 나아가는 경향을 보여주게 된다.

덴마크와 네덜란드는 스칸디나비아 국가들과 유사한 경향을 보이는 복지제도를 갖춘 국가들로 평가받고 있지만, 연금제도에 있어서는 재분배성이 취약하게 평가됨으로써 단순보장형 국가에 포함되었다고 볼 수 있다.

이상에서 살펴본 단순보장형 국가들은 연금제도의 시행에 있어서 복지원리와 보험원리가 중첩되어 나타나는 국가들이라 할 수 있다. 특히 상위권의 적절성과 낮은 수준의 재분배성을 보여주는 국가들이 포함되어 있으므로, 복지원리보다는 보험원리의 지배가 다소 우세한 국가들로 파악하는 것이 적절하다고 여겨진다. 따라서 이 유형의 국가들에서 노년의 삶은 일정 수준의 안전성은 확보했다고 볼 수 있다. 연금제도를 통해서 노후의 평등을 추구하는 수준까지는 나아가지 못했지만, 기존 삶의 수준을 유지하기 위한 국가적 노력이 이루어지고 있는 국가들로 파악하는 것이 적절할 것이다.

3) 소극적 보장형

소극적 보장형의 국가들은 낮은 적절성과 재분배 성취도로 인해서 노후의 삶이 시장원리에 의해 지배되는 후진적 제도를 갖춘 국가군으로 파악할 수 있다. 미국과 영국 그리고 독일의 경우에 사회적 적절성은 크게 낮다고 볼 수는 없지만, 재분배성은 매우 낮은 수치를 보여주고 있다. 이는 특히 기여 및 급여방식에서 저소득층에게 불리한 방식으로 제도가 편성되어 있으며, 독일을 제외하고는 정부지원 역시 낮은 수준에 머물고 있기 때문으로 파악된다.

적절성을 평가하는 지수에서는 특히 낮은 대체율이 지적될 수 있을 것이다. 이처럼 낮은 대체율은 시장에서의 위치가 노후에 재생산됨을 의미하는 것으로서, 대체율이 낮은 국가들에서는 빈곤이 이 노년에까지 연장·재생산되는 모습을 보여주고 있다. 이 나라들에서는 노년의 빈곤을 해결하기 위한 방식으로 사회부조에 대한 의존이 광범하게 시행되고 있는데, 이러한 노후보장체계야말로 전근대적인 복지국가의 단면을 직접적으로 보여주는 것이라 하겠다.

캐나다의 경우에는 수당방식을 도입함으로써 일정 정도 보편적인 노후보장체계를 갖추고 있는 나라라고 볼 수 있다. 그러나 보편적인 연금제도를 도입함으로써 사회적 적절성은 몇몇 단순보장형 국가들보다 높게 나타나고 있지만, 낮은 재분배성으로 인해서 소극적 보장형 국가로 편성되었다.

아일랜드를 제외한 단순보장형 국가들의 특징은 높은 국민소득과 경제적 발전에도 불구하고 시장논리에 기초한 복지국가가 성립되었다는 점에서 찾을 수 있다. 따라서 이러한 유형의 국가들은 보편적 원리인 복지원리에 대한 소극적 태도와 보험원리 확산이 지배적으로 관찰된다. 그리고 이런 국가들에서의 노후생활은 퇴직 전의 생활수준과 불평등이 그대로 온존되어 있는 생활이라고 할 수 있으며, 오히려 퇴직 후의 삶이 퇴직 전의 삶의 하향적 재생산에 불과하다고 할 수 있음을, 우리는 이들 국가의 연금제도의 내용을 통해서 확인할 수 있다.

이상에서 국가별 연금제도의 내용을 사회적 적절성과 재분배성이라는 기준을 통하여 3개의 국가별 유형으로 분류하는 작업을 수행하였다. 연금제도의 국가별 유형에 대한 경험적 분석작업은 다음 장에서 이어질 유형별 발전원인에 대한 분류와 역사적 사례연구를 통해서 연금제도의 일반론에 접근하는 토대가 될 수 있을 것이다.

Ⅳ. 연금제도의 유형별 발전론 및 사례연구

제3장에서는 사회적 적절성과 재분배성에 의거한 내용적 분석을 통해서 OECD 18개국의 연금제도를 유형화시키는 작업을 수행하였다. 제4장의 과제는 먼저 이러한 유형의 형성을 가져온 사회적 원인을 탐구하는 작업인 발전론의 구성이 될 것이다. 이러한 작업은 기존의 복지국가 발전론과 연금제도 발전론에 관한 비판적 연구를 통해서 구성될 수 있다고 여겨진다. 복지국가 발전론에 대한 비판적 고찰은 사회복지발전론의 이론적 연원을 탐구하는 작업이 될 수 있으며, 여기서 더 나아가 연금제도의 국가별 상이한 발전에 대한 기존연구를 살펴봄으로써 제3장에서 구성한 연금 유형론의 내적 원인과 지향점을 살펴볼 수 있을 것이다. 이상의 과정을 통해서 유형론과 발전론의 결합을 통한 '연금모델'의 구성에 접근하는 것이 제1절의 주된 내용을 구성한다. 반면에 제2절에서는 각 모델의 전형적인 모습을 보여주는 개별 국가를 선정하여 연금제도의 역사적 형성 및 발전과정을 살펴보도록 한다.

제1절 연금제도 발전론

연금제도는 개별 사회복지제도로서의 특유성을 보유하고 있지만, 동시에 사회복지의 국가적 특성에서 크게 벗어날 수 없다. 그러므로 연금제도의 발전론은 복지국가의 발전론과 같은 맥락에서 살펴볼 수 있으며 복지국가 발전론에 대한 연구는 연금제도 발전론의 구성을 위한 기초를 이룬다고 볼 수 있다. 따라서 기존연구에 대한 분석이 이 절의 출발점이 될 수 있으며, 이러한 비판을 통해서 연금제도의 발전론에 다가설 수 있을 것이다.

1. 기존 연구에 대한 비판

기존의 복지국가 발전론은 국가 간 사회복지의 발전을 단일한 원인에 의거하여 일반화시키려는 시도로 볼 수 있으며, 개별 제도에 대한 연구보다는 포괄적인 복지를 연구대상으로 삼는다는 의미에서 일반론적이다. 반면에 이 글에서 살펴보고자 하는 내용은 연금제도라는 개별적인 복지제도의 국가 간 비교연구이기 때문에 연금제도의 발전원인에 대한 이론적 연구가 필요하다고 여겨진다. 이를 위해서 기존의 연금제도의 발전에 대한 논의들을 살펴보도록 한다.

1) 마일즈의 연구 – 노동계급의 정치적 영향력

마일즈의 출발점은 복지국가별로 나타나는 복지제도들 간의 차이를 설명함에 있어 "시민권과 계급 간의 꾸준한 갈등의 산물(Marshall, 1964: 63)"으로 파악하는 것이다. 마일즈에 따르면, 연금제도란 여타의 사회정책들과 마찬가지로 한 사회의 부와 모든 자원의 최종적인 할당을 결정짓는 전체적인 분배과정의 한 부분인 것이다. 이러한 분배과정을 관통하는 '권력과 통제의 구조'가 분배의 결과를 결정하는데, 구체적으로 연금급여(시민임금)의 내용을 결정하는 데 있어서 결정적인 것은 국가에 대한 노동의 상대적 협상력, 즉 정치적 영향력이다. 즉 노동이 정치과정에 더 많은 영향력과 통제력을 행사할수록 관대한 공적 연금권리를 확보할 가능성은 높아지는 것이다.

하지만 이러한 분석의 타당성을 입증하기 위해서 그가 사용한 연금제도 비교분석의 방법은 기존의 이론적 논의에 대해 포괄적으로 검토하고 수용하는 방식을 통해서 진행된다. 먼저 정치적 민주주의의 중요성을 강조하는 입장들(Cutwright, 1967a, 1967b: Jackman, 1975: Hewitt, 1977)에 대한 평가를 통해서 정치적 시민권의 발전 정도를 측정하고자 한다. 이러한 분석을 위해서 '엘리트의 정치권력이 최소화되고 비엘리트의 정치권력이 최대화되는 정도'를 측정하고자 하는 것이다. 정치적 민주주의를 중요한 이론적 고리로 평가하는 이러한 관점으로부터 마일즈는 ① 정치적 민주주의와 ② 경쟁적 선거라는 독립변수를 조작해 낸다.

두 번째로는 노동계급의 역량을 통해서 복지국가의 발전을 평가하려는 입장들을 살펴보고 있다. 마일즈는 노동계급의 강력한 힘이 낮은 실업률(Hibbs, 1977)과 낮은 소득(Hewitt, 1977: Cameron, 1980), 높은 수준의 복지비 지출(Stephens, 1979), 높은 재분배 정도(Bjorn, 1979: Hanneman, 1980), 공공경제의 전반적 규모(Cameron, 1978) 등과 관련이 있음을 살펴본다. 이를 통해서 마일즈는 노동자계급의 역량을 노동계급의 동원력, 노동연대의식(조직적 단결력), 그리고 노동의 정부에 대한 통제력의 세 부분으로 나누어 살펴본다. 여기서 동원력은 노동력이 조합으로 조직된 정도(경제적 동원)와 노동자계급을 대표하는 정당을 지지하는 유권자의 비율(정치적 동원)을 지칭한다. 노동연대의식은 협상과 파업에 대한 중앙노동동맹의 힘과 재정적 지원을 의미하며, 노동의 정부통제는 전후 기간 중 노동당이 행정기능을 통제한 햇수로 측정한다.

이러한 분석을 통해서 다음과 같은 독립변수의 추출이 이루어진다. ① 사회주의적 통치, ② 사회주의 정당의 득표율, ③ 노동조합참여율, ④ 노동조합의 중앙집중 정도가 그것이다. 또한 일군의 정치경제학자들의 입장(Piven and Cloward, 1971)을 받아들여서 시민적 동요와 파업을 약한 노동자 계급을 나타내는 지표로 사용한다. 이러한 입장에 의거하여 ① 파업과 ② 시민적 동요의 정도를 측정하고자 한다.

마지막으로 마일즈는 복지국가에 관한 기능주의적 이론들의 주장에 귀기울이고 있다. 산업주의 논리와 자본주의 논리로 대별되는 이러한 입장에 의거하여 '경제발전의 수준이 높을수록 시민권의 질은 더 높을 것이다'라는 가정과 '의존인구가 많을수록 시민권의 질적 수준이 높다'는 가설을 받아들이고, '시민권의 질적 수준은 자본의 집적과 집중이 가장 진전된 국가에서 높을 것이다'라는 가설 역시 수용한다. 따라서 다음과 같은 세 가지 독립변수의 추출이 가능해진다. ① 독점화, ② 1인당 GDP, 그리고 ③ 65세 이상 인구의 비율 등이 그것이다.

이상의 변수들을 통해서 변수들 간의 상관관계 및 연금의 질적 수준과의 관계를 측정한 결과를 〈표 4-1〉과 같이 정리할 수 있다.

분석의 결과를 마일즈는 다음과 같이 요약하고 있다. 첫째, 노동계급의 역량과 연금의 질적 수준과는 높은 상관관계를 보여준다. 둘째, 정치적 시민권의 정도와 연금의 질적 수준 간의 직접적인 상관관계는 노동계급의 영향력보다는 작지만, 정치적 권리의 신장을 통해서 노동계급의 동원과 정부에 대한 통제를 촉진시키는 역할을 한다고 볼 수 있다. 셋째로 파업과 시민적 동요를 측정한 지수는 연금의 질적 수준과의 낮은 상관관계를 보여주고 있다. 그러나 두 변수가 노동계급의 역량과는 의미 있는 상관관계를 보여주고 있기 때문에 노동계급의 역량이 부족할 경우에 파업과 시민적 저항이 연금제도의 질적 수준에 일정한 영향을 끼친다고 해석한다. 마지막으로 기능주의적 이론의 변수들인 독점화와 1인당 GDP, 그리고 65세 이상의 인구의 비율 등은 연금의 질적 수준과 의미 있는 상관관계를 보여주고 있지 못하다.

〈표 4-1〉 마일즈가 선정한 변수들 간의 상관계수[46]

	1	2	3	4	5	6	7	8	9	10	11	12	13
1													
2	.69												
3	.50	.74											
4	.67	.89	.61										
5	.67	.58	.49	.69									
6	.67	.86	.56	.86	.83								
7	.37	.44	.31	.54	.37	.40							
8	.47	.10	.37	.02	.37	.24	.21						
9	-.07	-.24	.07	-.43	-.33	-.37	-.39	.24					
10	-.10	-.17	.10	-.46	-.23	-.21	-.50	.38	.78				
11	.50	.41	.42	.54	.43	.46	.79	.32	-.30	-.45			
12	-.02	-.15	-.63	-.13	-.29	.00	-.18	-.12	-.29	-.05	-.21		
13	.05	.54	.51	.48	.41	.49	-.19	-.05	-.16	.18	-.16	-.13	

* 출처: Myles(1984, 151)

　　이상의 분석을 통하여 마일즈는 이른바 '노동계급권력동원론'적 관점을 통하여 각국의 연금제도의 발전을 분석할 수 있음을 보여주고 있으며, 궁극적으로는 노동계급의 영향력이 높은 수준의 연금제도를 결과하는 원인이 되고 있다는 사실을 주장하게 된다. 또한 마일즈는 이상의 연구를 통하여 다시 한번 복지발전에 대한 '노동계급권력동원론'의 이론적 타당성을 보여주고 있다.

---

46) 변수의 목록은 다음과 같다.
　　① 연금의 질적 수준 / ② 사회주의적 통치 / ③ 사회주의 정당의 득표율 / ④ 노동조합 참여율 / ⑤ 노동조합의 중앙집중 정도 / ⑥ 노동계급의 역량 (가중치를 준 지수) / ⑦ 정치적 민주주의 / ⑧ 경쟁적 선거 / ⑨ 파업 / ⑩ 시민저 동요 / ⑪ 독점화 / ⑫ 1인당 GNP / ⑬ 65세 이상 인구이다. 이때 연금의 질적 수준을 나타내는 지수는 제3장에서 살펴본 마일즈가 측정했던 국가별 종합지수를 의미한다.

2) 에스핑-안데르센의 연구-탈상품화와 다중분석

에스핑-안데르센은 노동계급동원론의 대표적인 논자로 분류되어 왔으나, 1990년의 저작에서 보다 종합적인 분석을 시도하는 방향으로 나아가고 있다. 그는 탈상품화의 정도를 고찰하는 방식을 통해서 '계층화 체계로서의 복지국가'라는 개념을 확립한다. 이러한 과정을 통해서 에스핑-안데르센은 복지국가의 3대 체제(regime)를 분류하는데, 자유주의적 체제, 국가조합주의적 체제, 그리고 사회민주주의적 체제가 그것이다. 여기서 자유주의적 체제는 시장의 작동원리가 복지제도의 지배적인 운영원리가 되는 체제를 말하며, 국가조합주의적 체제는 사회적 지위를 보존하는 방식으로 작동되는 체제를 말한다.[47] 그리고 사회민주주의적 체제는 복지제도의 작동을 통해서 계층 간의 평등을 추구하는 것을 주된 이념으로 삼는 복지국가를 일컫는다.

복지국가의 유형화를 완성한 후에 에스핑-안데르센은 체제 간 차이를 낳은 원인에 대한 탐구로 관심을 돌린다. 그는 정치권력변수-노동계급 동원의 성격과 계급·정치적 제휴구조-와 제도화과정의 역사적 유산을 그 원인으로 제시한다.

에스핑-안데르센이 연금제도의 분석을 위해 사용한 기준은 다음과 같다. 에스핑-안데르센은 먼저 노동계급동원이라는 변수를 입법부와 내각에서 좌파 및 노동자 정당의 의석수에 가중치를 두어서 계산했다. 이러한 방식에서는 노조의 힘을 정당의 힘으로 대체해서 살펴보는 특징이 나타난다. 또 가톨릭 정당과 기민당의 동원도 정치구조의 특성에 속하므로 하나의

---

47) '조합주의'에 대한 개념적 정의는 1934년 마노이레스큐가 본격적으로 사용한 이후에 좌파와 우파를 통해서 다양하게 나타나고 있다. 조합주의 개념의 형성과 비교에 대해서는 최경구(1991, 56-70) 참조. 에스핑-안데르센이 사용하는 '국가조합주의'는 노동계급 등의 정치에 대한 능동적 참여기제를 의미하는 '좌파적' 관점이라기보다는 국가의 동원과 개입을 통한 권위적 조정기제를 강조하는 '우파적' 관점에서 파악할 수 있다.

변수로 상정됐다. 절대주의적 유산의 측정을 위해서는 완전보통선거가 실시되는 데 걸린 기간을 이용했다. 이를 통해서 그는 강력한 절대주의와 유약한 절대주의 그리고 전무한 절대주의로 구분했다. 고전적 변수인 경제적 측면과 인구구조의 변화도 포함된다. 마지막으로 관료제의 영향력은 측정이 어려워 제외된다.

에스핑-안데르센은 노동계급동원이라는 변수, 절대주의적 구조라는 변수, 비권력론적 변수로 삼분화시켜서 국가 간 연금제도의 발전원인을 탐구하게 된다. 변수를 통한 연금제도의 분석결과는 다음과 같다. 먼저 시장적 연금국가군의 경우를 살펴보면 사적 연금을 종속변수로 살펴본 이 유형에서 1인당 GDP와는 정의 관계가, 그리고 인구구조와는 강한 부의 관계가 나타난다. 에스핑-안데르센이 관심을 갖는 정치적 요소들-좌익동원력, 가톨릭 정당, 절대주의-은 통계적 유의성을 보여줄 정도는 아니지만 부정적 관계를 보여주고 있다.

국가주의적 편향의 국가군은 공무원의 연금지출을 종속변수로 삼아서 분석한다. 인구와 경제적 변수는 이 국가군에서 별다른 중요성을 보여주지 못하고 있다. 반면에 가톨릭당의 정치적 영향력은 강한 상관관계를 보여주며, 절대주의의 유산도 일정한 영향력을 발휘하는 것으로 나타나고 있다. 반면에 노동계급의 동원력을 나타내는 변수는 무의미한 관계를 보여주고 있다.

조합주의 국가군은 개별적이고 직업적으로 정의된 공공영역의 연금프로그램의 수를 종속변수로 삼아서 분석한다. 노동계급의 동원력은 무의미한 영향을 나타내는 반면에, 가톨릭 정당의 영향력은 크며, 나아가 절대주의의 영향력은 극대화되어서 나타난다.

마지막으로 사회민주주의적 국가군을 분석하는 데 있어서 종속변수는 1980년대의 사회보장연금의 전체 연금에서의 비율이다. 분석의 결과는 노동계급의 동원력만이 긍정적인 효과를 보여줄 뿐, 관료제나 1인당 GDP 등은 무의미하게 나타나며, 가톨릭당과 절대주의의 유산도 그러하다. 인구의 변수만이 다소 영향을 끼치는 것으로 나타나고 있다.

이상의 결과를 간략하게 정리해 보면 〈표 4-2〉로 나타낼 수 있을 것이다.

에스핑-안데르센의 연구는 다음과 같은 이론적 결론을 유도할 수 있다. 먼저 사회민주주의형 국가의 연금제도는 노동계급의 동원력을 주요한 발전원인으로 볼 수 있다. 국가조합주의형 국가의 연금제도의 특성은 종교적 배경이 정치적으로 전환된 결과에 일정한 영향력을 받고 있으며, 절대주의의 유산도 지위보전형 연금제도를 결과한다고 볼 수 있다. 시장형 복지체제에서 사적연금의 발달은 경제성장과 깊은 관련성을 가지며, 다소 약한 정도이기는 하지만 노동계급 동원력의 미약함을 하나의 발판으로 삼고 있다고 보여진다.

<표 4-2> 에스핑 - 안데르센의 분석방식과 분석결과

국가별 연금 유형	종속변수	독립변수	분석 결과*
시장형	사적연금	일인당 GDP GDP 성장 65세 이상 인구비율 노동계급 동원력 가톨릭 정당 절대주의	일인당 GDP(＋) 65세 인구비율(-) 노동계급 동원력* *(-)
국가주의형	공무원연금 지출	일인당 GDP 65세 이상 인구비율 노동계급 동원력 가톨릭 정당 절대주의	가톨릭 정당(＋) 절대주의(＋)
조합주의형	공공연금 프로그램의 수	일인당 GDP 65세 이상 인구비율 노동계급 동원력 가톨릭 정당 절대주의	절대주의(＋) 가톨릭 정당(＋)
사회민주주 의형	공공연금지출/ 전체 연금지출	일인당 GDP 65세 이상 인구비율 노동계급 동원력 가톨릭 정당 절대주의 관료제	노동계급 동원력

* 영향력의 순서대로임
** 유의미한 차이는 아님

3) 평가와 비판

마일즈와 에스핑 - 안데르센의 연구는 복지국가의 발전을 가져온 요소들에 대한 포괄적인 수용을 통해서 연금제도의 성취도를 평가하고 있음에도 불구하고 다음과 같은 문제점을 안고 있다고 볼 수 있다.

마일즈의 경우에는 연금제도의 질적 수준이라는 변수를 다양한 독립변수와의 상관관계를 통해서 측정함으로써, 노동계급의 영향력이 연금제도의 발전에 상당한 영향력을 행사했음을 밝혀내는 이론적 성과를 가져왔다고 볼 수 있다. 그러나 그의 연구는 연금제도의 국가 간 차이와 그 원인은 설명해 내지 못하는 맹점을 안고 있다. 이는 과도한 일반화의 결과이기도 하지만, 애초에 연금제도를 유형화하지 않고 서열화한 데에서 그 원인을 찾을 수 있다.

에스핑-안데르센의 경우에는 국가 유형별로 다양한 종속변수를 사용함으로써 유형별 연금제도의 발전에 관해서는 일정한 이론적 성과를 거두고 있으나, 분석의 일관성은 결여되어 있는 것으로 볼 수 있다. 즉 연금제도의 국가별 유형화에는 성공했지만, 각 유형의 발전을 가져온 원인에 대한 분석에서는 공통의 비교방식을 거부하고 개별적 변수들을 비교함으로써 분석의 일관성을 떨어트리고 있다.

따라서 마일즈와 에스핑-안데르센의 연구방식에서 나타난 미비점을 보충함으로써 보다 성숙한 연금제도의 발전론에 다다를 수 있으며, 유형론과 발전론의 결합을 통해 이론적 일반화를 시도할 수 있다. 첫째, 국가별 서열화보다는 유형화를 통해 분석할 것. 둘째, 종속변수와 독립변수의 일관성을 유지할 것. 셋째, 복지국가의 발전에 영향을 끼친 모든 변수들을 고려할 것. 이러한 문제의식을 통해서 앞장에서 살펴본 3개의 연금 유형에 대한 독자적 발전론을 구성해 보도록 하겠다.

2. 연금제도 발전론의 구성

1) 독립변수의 설정 및 조작

연금제도의 발전을 설명하는 데 사용되는 변수들은 사회복지의 경우와 마찬가지로 크게 보아서 사회적 변수와 경제적 변수, 그리고 정치적 변수로 나누어 볼 수 있다(김태성, 1991: 104-107). 연금제도의 발전을 둘러싼 논의에서 가장 기본적인 지표로 사용되는 것은 65세 이상 노인인구가 총 인구에서 차지하는 비율이다. 경제성장이 연금제도의 발전에 끼친 영향을 살펴보기 위해서 사용되는 지표는 그 나라의 경제성장률, 1인당 GNP, 국제 경제 의존도 등이다. 계급적 변수와 정치적 변수에 대해서 살펴보면, 사회주의 정당의 세력이 연금제도의 발전에 끼친 영향, 노동조합 조직률과 연금제도의 성취도와의 관계 등이 중요한 지표로 사용되고 있으며, 도입시기를 기준으로 한 경과 연수도 관료제의 속성상 연금제도 발전의 지표로 이용되기도 한다.[48]

이상의 변수들은 다음과 같이 정리할 수 있다. 먼저 인구구조와 경제적 성장을 지시하는 지표들은 연금제도 발전의 전제가 된다는 의미에서 '사회경제적 배경'으로 분류할 수 있을 것이다. 인구구조의 노령화는 연금제도의 발전을 위한 '사회적 필요'를 나타내는 지표라 할 수 있으며, 경제적 성장은 이 필요를 충족시킬 수 있는 '사회적 자원'을 의미한다.

연금제도 및 복지국가의 발전과 관련해서 자주 사용되는 계급적 지표인 노동자 계급의 권력자원에 관한 논의는 발전론과 관련해서 중요한 요소로 간주되어 왔다. 이 글에서는 노동계급의 영향력을 사회적 차원과 정치적 차원으로 분류하여 살펴보고자 한다. 이는 사회적 차원에서의 영향력과 정치적 차원에서의 영향력이 각기 다른 영역에서 다른 방식으로 연금제도의 발전에 영향을 끼쳤을 것이라는 생각 때문이다.[49]

---

48) 각각의 연구사례는 다음과 같다. 65세 이상 노령인구 비율과 관련한 연구로는 Wilensky(1975), 경제적 변수와 관련된 연구로는 Cutright(1965), Miller(1976), Cameron(1978) 등이 있다. 정치적 변수와 계급변수에 관련된 연구로는 Castles(1982), Korpi(1978), Stephens(1986) 등이 있으며, 관료제에 관련된 경험적 연구로는 Heidenheimer, et. al.(1983)를 들 수 있다.

49) 계급적 관점과 관련해서 노동계급이 아닌 중간계급의 영향력에 관한 연구는 드문 편이며 특히 자본가계급의 영향력에 관한 연구는 더더욱 드물다. 이는 노동계급과는 달리 이들의 정치적 영향력과 사회적 영향력에 대한 측정지표가 구성되기 어려운 사실에서 기인하는 것으로 볼 수 있으며, 특히 자본가계급의 복지는 대부분의 연구에서 상수로 간주되곤 한다(김영순,

118

국가의 독자적 역할을 통해서 연금제도의 발전을 시도해보려는 연구는 다양하게 이루어졌다. 그러나 국가기구의 속성(Heclo, 1974)이나 정책형성 과정에 대한 연구(De Viney, 1984)가 주를 이룸으로써 국가 간 비교측정을 통한 연구에는 적절한 사례를 제공하고 있지 못한 편이다. 여기서는 관료제의 발전이 연금제도의 발전과 맺게 되는 관련성을 살펴보는 것을 통해서 국가의 역할을 규정하는 연구들에 주목하고자 한다.

이상의 세 가지 범주를 구성하는 각 변수들을 측정 가능한 것으로 조작화하는 작업을 통하여 우리는 국가 유형별로 연금제도의 발전원인에 대한 경험적 비교를 실시할 수 있을 것이다. 먼저 독립변수의 범주별 변수와 조작화 방법에 대해서 알아보자.

㉠ 사회경제적 배경

인구구조의 변화와 경제적 성장으로 분류될 수 있는 사회경제적 조건은 연금제도에 대한 '사회적 필요'와 '사회적 자원'의 확보 정도를 보여준다. 먼저, 인구구조의 변화를 살펴보면 전체 인구에서 65세 이상의 노인이 차지하는 비율은 많은 나라에서 15% 정도에 이르고 있으며, 갈수록 증가추세에 있다. 이러한 노인인구의 증가는 연금제도의 도입 및 발전을 촉구하는 사회적 압력으로 작용하고 있다. 거의 모든 나라에서 65세 이상의 노령 노동자들에 대한 퇴직을 법제화시키고 있으므로, 이들에 대한 사회적 부담은 더욱더 커질 수밖에 없다.

대부분의 인구가 농촌에 거주했으며 평균 수명이 50을 넘지 않았던 19세기의 인구구조는 연금제도의 발전을 가져올 사회적 필요를 제기하지 않았다. 그러나 산업화의 진전과 노령인구층의 급속한 증가 등의 사회적 조건은 19세기 말미에 나타나 양차 대전 사이에 급격히 확산됐다. 더구나 가

1996). 중간계급에 대한 논의는 활성화되는 경향을 보이고 있으나 이들의 사회적 영향력과 정치적 영향력을 측정할 수 있는 지표에 대한 논의는 아직 통일된 기준을 마련하지 못하고 있다. 중간계급의 복지발전과 관련해서 특히 복지태도를 다룬 논문으로는 김희자(1996)를 참조.

족 기능의 약화와 이에 따른 노인문제의 등장은 국가로 하여금 노인을 위한 정책적 수단을 도입하게 하는 사회적 조건이 되었으며, 민주주의의 확대가 가져온 노인층의 정치적 비중 증대는 노인을 현대 복지국가의 주요한 대상으로, 연금제도를 주요한 정책수단으로, 격상시키는 결과를 가져왔다. 이러한 인구구조의 변화를 통해서 연금제도의 발전을 추동하는 사회적 욕구의 증대가 있었다고 볼 수 있다. 인구구조의 변화를 조작화하는 방법은 비교적 간단한 편인데, 전체 인구에 대하여 65세 이상 인구가 차지하는 비율을 사용하는 것이 일반적이다.

한편, 경제의 성장은 어느 나라에서나 복지발전의 전제조건이 되어 왔다. 경제적 성장은 한편으로는 국민들의 사회복지에 대한 욕구를 증대시킴과 동시에 국민들의 세금부담 능력의 확대로 이어졌으며, 다른 한편으로는 정부의 가용한 사회적 자원의 증대로 이어져 복지의 확산을 가능하게 하는 일련의 과정을 상정할 수 있을 것이다. 그러나 경제성장이 곧바로 복지의 확산으로 이어지기는 어렵다. 특히 자본주의사회에서의 복지분배가 자본가계급의 투자를 위협하지 않는 범위 내에서 결정되어야 한다는 주장(Lindblom, 1977)에서도 알 수 있듯이 복지의 발전은 경제발전과 더불어 성장하는 자본가와의 대립과 협상을 통해서만 얻어낼 수 있는 정치적 과정의 산물이라고 볼 수 있다.[50]

그럼에도 불구하고 경제성장의 정도는 사회보장제도의 발전을 설명하는 기본적 변수가 될 수 있다. 빈약한 경제적 규모에서 높은 복지지출이 나올 수 없을 뿐 아니라, 1960년대 이후부터 복지국가의 위기의 시대까지 지속적으로 나타났던 복지국가의 전성기가 전후의 경제적 번영을 기반으로 하고 있음을 부인할 수는 없을 것이다. 경제성장이라는 변수를 측정하기 위해서는 가장 일반적인 지표인 일인당 GNP를 사용한다.

---

50) 발달한 선진 자본주의국가들만을 대상으로 할 때 경제발전의 정도와 사회복지 발전과는 비교적 약한 상관관계가 있는 것으로 나타나는 사실이 이를 입증한다.(김태성, 1991: 105)

ⓛ 계급변수-노동계급의 사회적·정치적 영향력

계급변수를 살펴보는 것은 노동계급의 정치·사회적 세력화 정도를 측정하는 것으로 볼 수 있다. 노동계급의 정치·사회적 세력화의 정도는 복지발전의 결정적 변수로 볼 수 있다(Korpi, 1978; Stephens, 1986). 여기서는 노동계급의 세력화를 정치적 측면과 사회적 측면으로 구분해서 살펴보려고 한다. 정치적 측면에서의 영향력은 노동계급이 추구하는 복지지향과 복지목표를 정치체제 속에서 구체화하고, 정책결정에 영향을 미치며, 궁극적으로는 정책화시키는 과정을 통하여 자신의 복지이해를 실현시킬 수 있는 능력의 정도를 의미한다. 사회적 측면에서의 영향력은 정치체계에 직접적인 영향력을 행사하지는 못하더라도, 정치적 결정에 압력을 행사할 수 있고 사회적 지지를 형성하며, 복지발전을 위한 전 국민적 합의를 유도해 낼 수 있는 사회적 힘을 의미한다. 노동계급의 정치적 영향력은 노동자당의 존재 여부와 정치구조에서 차지하는 영향력의 크기-선거에서 노동자 정당의 득표율, 그리고 집권 여부 및 집권기간 등을 통해서 측정할 수 있다. 노동계급의 사회적 영향력의 정도를 평가하는 데에는 노동자들의 노조가입률을 통해서 측정한다.

ⓒ 국가의 영향력

사회복지의 발전에 끼친 국가의 영향력을 설명하는 이론들이 가장 많이 취하는 연구방식은 다음과 같다. 많은 사회복지제도들은 국가관료기구를 맡고 있는 개혁적인 정치가나 전문관료들에 의하여 국가발전의 장기적인 안목을 가진 전문화된 관료기구의 바탕하에 이루어진다는 것이다(Orloff & Skocpol, 1984). 따라서 관료제의 존재 여부는 국가의 영향력을 측정하는 주요한 변수가 된다. 왜냐하면 일단 어떤 복지프로그램이든 그것이 도입되고 나서는 시간이 흐를수록 자동적으로 확대되는 이른바 관료제적 관성(bureaucratic momentum)을 갖기 때문이다

(Heidenheimer, 1983). 윌렌스키에 따르면, 일단 설치된 관료제는 자신의 독립적인 힘과 이기적인 조직적 이해를 위해 성장을 거듭한다(Wilensky, 1975). 따라서 연금제도의 발전에 국가가 끼친 영향력은 연금제도가 도입된 시기로부터 경과된 년차를 측정하는 방식을 사용하고자 한다. 이상의 독립변수들을 측정하여 연금제도의 유형별로 나타내보면 〈표 4-3〉과 같은 결과를 얻을 수 있다.

〈표 4-3〉 국가 유형별 발전요인 분석

유형별 국가	변수들	적절성	재분배성	65세 이상인 구비율	1 노동 조합 조직률	2 사회 주의당 집권	3 사회주의 정당 득표율	1일당 GNP	4 관료제
분배적 보장형	스웨덴	90	100	16.3	75	24	51	10540	67
	핀란드	84	88	12.0	45	9	47	7160	42
	이태리	75	89	13.5	36	2	42	4600	61
	노르웨이	82	80	14.8	52	20	52	9560	44
	뉴질랜드	71	80	9.7	35	7	45	5530	82
단순 보장형	네덜란드	75	75	11.5	34	6	35	9200	30
	일 본	72	61	16	35	0	15	7700	39
	오스트리아	74	58	15.5	66	0	47	7520	74
	프랑스	71	68	14	17	4	43	8880	70
	벨기에	66	65	14.5	48	9	38	9700	56
	덴마크	64	72	14.4	65	16	46	10580	89
	스위스	64	60	13.8	27	5	29	8980	34
	호 주	49	68	12.7	48	n.a.	n.a.	7500	72
소극적 보장형	캐나다	66	43	9.5	27	0	18	8670	53
	미 국	62	48	11.2	23	0	0	9770	45
	독 일	61	43	15.5	30	5	36	10300	91
	영 국	56	47	14.9	44	0	46	5720	72
	아일랜	38	48	10.7	27	0	10	3810	72

* 자료: Stephens(1988), OECD(Hviding K. and Merette M, 1998), 김태성(1991), U.S. Department of Health and Human Services(1998)
1. 전체 노동력 가운데서 조직화된 노동력의 비율을 말함.
2. 1945-1970년 사이에 사회주의 계열의 정당이 집권한 기간을 밀함.
3. 동일시기에 선거에서 사회주의 계열의 정당이 획득한 득표율을 말함.
4. 1980년 현재 최초 도입 후에 경과한 햇수를 말함.

2) 측정 및 결과

〈표 4-3〉의 자료를 통해서 유형별로 연금제도의 발전에 영향을 끼친 요소들을 살펴볼 수 있다. 먼저 위의 변수들로 한 국가가 어떠한 연금제도 유형에 속하는가를 판가름할 수 있는가를 살펴보기 위해 판별분석 (discriminant analysis)을 실시하였다. 이 작업은 위의 변수들이 연금제도의 국가별 유형화를 위해서 사용될 수 있는 적절한 변수들인가를 알아보는 작업이며, 또한 위의 18개국에 포함되지 않은 국가들에 대해서도 이들 변수를 통해서 어떤 연금제도 유형에 속하는 국가인지를 예측할 수 있는지를 알아보는 작업이다. 이는 다시 말해 여기서 제시한 6개의 독립변수들이 과연 개별 국가들이 어떤 연금제도 유형에 속할 것인가를 결정짓기에 충분한 변수들이라고 할 수 있는가를 살펴보고자 하는 것이다. 예컨대 A라는 변수는 세 유형에 속하는 개별 국가들에게서 모두 다 높은 값을 갖는 반면 B라는 변수는 각 유형에 속하는 국가별로 그 값이 뚜렷한 차이를 보인다고 하자. 그렇다면 A변수는 개별 국가들의 연금제도 유형의 결정에 그다지 영향을 미치지 못하는 변수인 반면 B변수는 큰 영향을 미치는 변수임과 동시에 그 값이 얼마인가에 따라서 해당 국가가 어느 유형에 속할 것인지를 예측할 수 있게 해 주는 변수라고 할 수 있을 것이다. 우리는 이런 변수들로 어떤 것들이 있을지를, 나아가 여기서 제시한 6가지의 변수들이 바로 그런 변수들인지를 판별분석을 통해 검증해보고자 하는 것이다.

또한 각 독립변수와 연금제도의 상관관계 계수를 유형별로 산출하였다. 상관관계 계수의 유형별 산출은 각각의 제도유형별 발전원인을 추정하는 작업으로서 의의를 갖게 된다.

마지막으로는 이러한 작업을 종합하여 연금제도의 유형론과 발전론을 결합시켜서 연금제도에 관한 이론적 일반화를 시도해 보고자 한다.

① 판별분석에 의한 독립변수의 예측력 검증[51]

판별분석은 각 변인의 값에 가중치를 주고 그 값들을 모두 합하여 하나의 새로운 종합적 지수로 구성시킨 후에, 종합지수에 기초하여 사례들을 동질적 집단으로 분류하는 통계적 기법을 말한다(정대연, 1992: 715-716).[52]

이 연구에서는 판별분석을 이용하여 다음과 같은 사항을 확인해 보려고 한다. 먼저 3장에서 구성한 연금제도의 3대 유형이 앞서 정리한 6개의 변인에 의해 구별될 수 있는지의 여부를 알아보고자 한다. 이는 사회적 적절성과 재분배에 의거한 군집분석을 통해서 도출된 연금제도의 유형들이 6개의 발전지표에 의해서도 동일하게 분류될 수 있는지를 확인하는 작업이 될 것이다.

다음으로는 6개 변수의 구성 정도에 따라서 임의의 국가가 어떤 유형의 연금제도를 갖는지, 혹은 어느 유형의 국가군에 소속되는지를 예측해 볼 수 있는지를 확인해 보고자 한다. 이는 18개 국가에 한정된 연구가 여타 국가에도 적용될 수 있는지, 따라서 보편적인 적용이 가능한지를 알아보는 작업이 될 것이다.

상기 18개 국가 중에서 호주를 제외한 17개국의 사례를 가지고 6개 변인의 판별계수를 산출한 결과가 다음과 같이 나타났다.

---

51) 판별분석은 사례수의 영향을 크게 받는다. 사례수가 한 그룹당 20을 넘어서야 하며, 최소한 독립변수의 수보다는 한 그룹당 사례수가 더 커야 한다고 권고되고 있다(Hair, et al., 1995: 195). 사례수의 크기가 이 기준에 미치지 못한다는 한계를 본 분석은 안고 있으므로, 이후의 분석결과를 살펴봄에 있어서 이 한계를 염두에 두어야 할 필요가 있음을 지적하고자 한다.

52) 보다 구체적으로 판별분석의 기능을 살펴보면 ① 집단들을 구별할 수 있는 선형판별함수를 도출하고, ② 여러 독립변수들 가운데에서 집단구분에 영향을 미치는 의미 있는 변수를 발견해 주고, ③ 각 집단 간에 통계적으로 유의한 특성의 차이가 있는가를 알려주며, ④ 그 판별함수에 의하여 대상 등을 각 집단으로 분류하거나, ⑤ 새로운 대상의 독립변수 특성치에 의해 집단을 판별(예측)하는 데도 이용된다(김범종, 1994: 191).

<表 4-4> 6개 변인별 판별계수

변 인	관료제 (B)	GNP(G)	인구(A)	사민당의 집권(R)	사민당의 득표(S)	노조조직률 (U)
판별계수	.87993	1.0849	.1680	-1.2650	-.8107	.2560

이 판별지수를 가지고 한 국가가 세 가지 유형의 국가 중에서 어디에 속할 것인가를 판별하는 판별함수는 다음과 같이 구성될 수 있다.

$$D = .879B + 1.084G + .168A - 1.265R - .810S + .256U$$

이렇게 얻은 판별함수에 대하여 각 사례국가의 6개 변인을 대입하면 국가별로 판별점수 D를 측정할 수 있다. 이 값을 가지고 각 사례의 예측그룹을 추정해 볼 수 있으며, 이 예측그룹을 각각의 국가가 실제로 소속한 실제그룹과 비교해 볼 수 있다. 이는 앞의 판별식의 예측도를 평가할 수 있는 좋은 지표가 된다. 비교의 결과는 다음과 같다.

<표 4-5> 예측그룹과 실제그룹의 비교[53]

case no.	1	2	3	4	5	6	7	8	9	10	11	12	13	14	15	16	17
예측그룹	1	1	1	1	1	2	2	2	2	2	2	3	3	3	2	2	3
실제그룹	1	1	1	1	1	2	2	2	2	2	2	3	3	3	3	2	3

<표 4-5>가 보여주는 바는 17개의 사례 중에서 15번째 국가(영국)의 경우만, 실제 소속그룹이 Z score를 통해 예측한 국가그룹과 어긋나고 있으며, 다른 16개 국가에서는 예측치와 실제 소속유형과의 정확한 일치를

---

53) case no.에서 각 국가들은 <표 4-3>에서 나타난 국가들의 순서와 일치함. 단 호주는 일부 항목의 미측정으로 제외됨.

보여주고 있다.

위의 결과가 보여주는 적중률은 다음과 같이 정리할 수 있을 것이다.

<표 4-6> 모델의 적중률

실제그룹	사례수	예측 그룹		
		1그룹	2그룹	3그룹
1그룹	5	5(100%)	0(0%)	0(0%)
2그룹	7	0(0%)	7(100%)	0(0%)
3그룹	5	0(0%)	1(20%)	4(80%)

1그룹과 2그룹 국가의 경우 이 모델의 예측력은 100%에 이르고, 3그룹은 80%의 예측력을 보여주어, 전체적으로 보았을 때 94.12%의 판별력을 보여준다. 그렇다면 이 결과는 과연 단순한 우연에 의한 예측결과보다 더 나은, 즉 통계적으로 유의미한 예측결과라고 할 수 있는가? 이 유의도 테스트는 이른바 Press' Q라는 통계치를 통해 이루어진다. 본 모델의 Press' Q는 다음과 같다.

$$Press' Q = \frac{[N-(n^* K)]2}{N(K-1)} = \frac{[17-(16 \times 3)]2}{17(3-1)} = 28.264$$

유의수준 0.01에서의 임계치는 6.63이다. 본 모델의 Press' Q 값은 이 임계치를 넘어가므로, 본 모델의 예측결과는 우연에 의한 것이 아니라, 통계적으로 유의미한 것이라고 할 수 있다.

따라서 이 판별식을 이용하여 개별 국가들의 소속 유형을 예측한다고 할 때, 적중확률은 94.12%에 이른다고 볼 수 있으며, 이는 결국 6개의 변인들의 값을 가지고 있다면 해당 국가의 연금제도가 어떠한 유형에 속하는지를 상당히 높은 적중률로 예측할 수 있음을 의미한다.[54]

결론적으로 판별분석 기법을 통해서 획득한 높은 예측력은 3장에서 구성한 연금제도의 유형화 모델이 앞에서 설정한 6개의 변인에 의해서 지지될 수 있음을 보여주는 것이다. 다시 말해 여기서 살펴본 6개의 변인들은 어떤 국가의 연금제도가 어떤 유형에 속할 것인가를 결정하는 데 핵심적인 역할을 하는 변인들임이 입증된 것이다.

② 독립변수와 연금제도의 상관관계

판별분석을 통해 우리는 6개의 변인과 연금 유형 간의 높은 관련성을 확인했다. 따라서 이제는 각 변인이 각각의 국가 유형에 어떠한 영향을 끼치는가에 대해서 살펴보아야 할 차례이다.

첫 번째로 사회적 적절성과 재분배 성취도가 앞의 6가지 변수와 갖는 상관관계를 측정해본다. 이것은 연금제도의 성취도를 평가하는 두 기준에 대해서 어떤 변수가 어떤 방향으로 어느 정도의 관련을 맺는가를 알아보기 위한 것이다. 이러한 방식을 통하여 우리는 사회적 적절성에 영향을 미치는 변수들과 재분배 성취도에 영향을 미치는 변수들을 구분해 볼 수 있을 것이다.

두 번째로는 6개의 변수가 국가 유형별로 어떠한 상관관계를 맺고 있는가를 파악하려 할 것이다. 이는 보다 구체적으로 국가 유형에 따라 연금제도의 발전에 영향을 미치는 변수가 다르게 나타날 수 있기 때문에, 유형별 제도의 발전원인을 추정하여 연금제도의 발전모형을 구성하는 데 유용하게 사용될 수 있기 때문이다.

---

54) 이 예측모델의 결과를 다른 사례들에도 적용할 수 있으려면 보다 많은 사례의 국가들을 대상으로 하여 그 국가들을 analysis sample과 holdout sample로 나누고, 전자에서 판별함수를 도출하고, 그것을 가지고 후자의 사례들을 대상으로 예측을 실시하여 얼마나 정확하게 예측하는가를 살펴보아야 한다(Hair, et al., 1995: ch. 4). 앞서 지적한 바와 같이 사례수의 부족으로 인해 본 모델이 여타 국가들의 판별에도 적용될 수 있다는 주장은 충분히 뒷받침되지 못하고 있다.

㉠ 사회적 적절정과 재분배성에 영향을 미치는 요소

각각의 독립변수들과 재분배성 및 사회적 적절성의 상관관계는 〈표 4-7〉과 같이 나타나고 있다.

먼저, 대부분의 변수들이 사회적 적절성과 일정한 상관관계에 있는 것으로 나타나고 있으며, 노동계급의 영향력을 나타내는 지표 중에서 사회주의 정당의 집권과 정당 지지율은 .05 유의도 수준에서 유의미한 결과를 나타내주고 있다. 또한 65세 이상의 인구비율, 1인당 GDP 등의 변수와도 일정한 관련성의 정도를 보여주고 있다. 결과적으로 연금제도의 사회적 적절성은 관료제를 제외한 모든 요소에 의해 차등적이기는 하지만 일정한 관련을 맺고 있음을 보여준다.

반면, 재분배성은 사회적 적절성과는 달리 노동계급의 사회적·정치적 영향력과만 일정한 상관관계에 있음을 보여준다. 이러한 결과는 노령인구의 사회적 안전에 끼치는 영향과는 달리, 분배적 평등을 추구하는 제도적 요소의 실현에는 계급적 지형이 중요한 요소가 됨을 보여주는 것이라고 여겨진다. 이리한 시실은 언금제도의 국가별 유형과 관련된 측정올 통해서 보다 구체화될 수 있을 것이다.

〈표 4-7〉 사회적 적절성/재분배성과 독립변수와의 상관관계

	사회적 적절성	재분배성
1인당 GDP	.6585	.1348
인구구조	.7967	.5289
사회주의 정당 집권	.8071	.6869
사회주의 정당 지지율	.6647	.6225
노동조합 조직률	.9114	.4882
관료제	-.2349	-.1178

ⓒ 국가 유형별 발전원인에 관한 분석

국가 유형별로 6개 독립변수와 연금제도의 성취도 간의 상관관계를 분류하여 살펴보면 〈표 4-8〉과 같은 측정결과를 얻을 수 있다.

이상의 두 가지 상관관계의 측정결과에 의해서 국가 유형별로 연금제도의 발전을 가져온 원인에 대한 초보적 차원에서의 이론 구성이 가능하다. 먼저 분배적 보장형 국가는 일반적으로 높은 사회적 적절성과 더불어서 높은 재분배 성취도를 달성한 연금제도를 보유하고 있는 국가들을 지칭한다. 따라서 높은 재분배성의 성취를 가능하게 하는 계급적 지형을 이 분석에서 보여주기를 기대할 수 있는데, 분배적 보장형 국가들의 노동계급 영향력과의 상관관계는 재분배성의 노동계급 영향력과의 상관관계와 유사하거나 더 높게 나타나고 있음을 알 수 있다. 따라서 재분배성의 결정기제로서 노동계급의 영향력이 강하게 나타나고 있다는 사실을 확인할 수 있으며, 이는 다시 말해서 노동계급의 사회적·정치적 영향력이 연금제도의 재분배성을 고양시킬 수 있으며 나아가 분배적 보장형 국가로 이끄는 견인차가 됨을 알 수 있다.

〈표 4-8〉 국가 유형별 상관관계 측정

독립변수	분배적 보장형	단순보장형	소극적 보장형
인구구조	.7790	-.6799	.2105
일인당 GDP	.4106	.3403	.9054
사회주의 정당 통치	.6589	.2712	.5020
사회주의 정당 득표율	.6349	.3849	.1576
노조 조직률	.8911	-.4648	-.1605
관료제	.0845	.5212	-.6865

반면에 단순보장형 국가와 소극적 보장형 국가들은 노동계급의 영향력을 나타내는 지수와 대부분 무의미한 상관관계를 보여줌으로써 이들 국가

의 낮은 재분배성을 설명할 수 있는 가능성을 제공한다고 볼 수 있다. 이 두 유형의 국가는 노동계급의 영향력을 나타내는 지수보다는 인구구조나 관료제, 그리고 일인당 GDP 등의 사회경제적 요소들과 유의미한 상관관계를 보여주고 있다. 특히 소극적 보장형 국가들의 경우에는 높은 경제적 수준과 낮은 관료제 수준이 연금제도의 성취도와 관련성을 보여주는 것으로 나타나 이들 국가가 시장의 지배하에 연금제도의 때늦은 도입과 그것을 극복할 만한 노동계급의 역량이 부족했음을 추측할 수 있게 해주고 있다.

3. 소결 – 이론적 일반화

이상의 분석을 통해서 우리는 다음과 같은 결론을 얻을 수 있다. 연금제도의 발전을 가져온 요인들에 대한 연구는 다음과 같이 세분화될 수 있을 것이다. 먼저 분배적 보장형 국가들의 연금제도는 노동계급이 높은 사회적 영향력과 정치적 영향력을 통해서 주도적인 위치에서 연금제도의 발전을 추동했다고 여겨진다. 이를 '노동계급 주도형'의 발전모형으로 명명하기로 한다.

단순보장형 국가의 연금제도는 분배적 보장형 국가와는 달리 노동계급의 주도적인 영향력을 기대할 수는 없다. 이들 나라의 계급지형을 살펴보면, 노동계급의 영향력은 일정한 사회적 응집력과 정치적 참여를 보여주고는 있지만, 사회 변화의 핵심세력으로서 평가하기에는 미진한 측면이 있다. 이러한 국가들에서 연금제도의 발전을 추동한 것은 집단주의적 경향이라고 추측된다. 집단주의는 가톨리시즘에 의거한 역사적 유산으로 볼 수도 있고, 국가주의적 경향이라고 볼 수도 있다. 전자의 경우에는 종교적 집단주의가 잉태한 사회복지의 역사적 유산이 연금제도의 발전에 일정한 영향을 끼쳤다고 볼 수 있고,[55] 후자의 경우는 노동자와 자본가의 양대 계급

---

55) 복지발전에 끼친 종교의 영향력에 대해서는 Higgins(1981), Esping-

의 일정한 사회적 영향력의 공존 속에서 국가주도의 복지노력이 구체화되면서, 집단주의적 성향을 보여주었다고 볼 수 있다. 이를 '집단주의적 발전'모형으로 명명하기로 한다.

마지막으로 소극적 보장형 국가들의 일반적인 특징은 노동계급의 사회적 영향력이 미미하고 시장의 지배력이 강력하다는 것이다. 이러한 국가들에서 연금제도의 발전은 노동계급의 주도적 역할을 기대할 수 없는 가운데 시장의 원리가 깊게 각인되어 있는 복지체제의 형성으로 귀결될 가능성이 높다. 이러한 연금제도의 발전유형을 '시장형' 모델로 명명하기로 한다.

이상과 같은 연금제도 발전론의 모형화에 의거하여 유형론과 발전론을 효과적으로 결합시킬 수 있으며, 유형모델과 발전모델의 일치를 통한 연금제도 일반론을 구상할 수 있게 되었다. 이를 요약하면 다음의 〈표 4-9〉와 같다.

지금까지 우리는 연금제도의 유형론과 발전론을 효과적으로 결합시키는 작업을 수행했으며, 성취모형과 발전모형 간의 일치를 통해서 연금제도에 대한 일반론을 구축하려 하였다.

다음절에서는 세 가지 연금모델에 속하는 대표적인 국가를 하나씩 선정하여 연금제도의 형성과정을 살펴보고자 한다. '분배적 보장형/노동계급 주도형' 국가의 경우에는 스웨덴을, '단순보장형/집단주의형'에서는 일본을 그리고 '소극적 보장형/시장형' 국가의 경우에는 미국을 살펴보고자 한다. 스웨덴과 미국은 각각 복지국가의 발전에서 대표적인 특징을 보여주는 국가들이기 때문에 연구대상으로 선정하는 데 별 의의가 없을 것이다. 단순보장형 국가에서 일본을 선택한 것은 일본의 연금제도가 단순보장형 국가의 제반 특징을 대표하기 때문이기보다는 한국의 복지발전과의 역사적/지리적 근친성 때문이다.

Andersen(1990) 참조.

<표 4-9> 연금제도의 유형론과 발전모델의 결합

국가 유형	발전모델	국　가
분배적 보장형	노동계급 주도형 발전모델	스웨덴, 핀란드, 노르웨이, 이태리. 뉴질랜드
단순보장형	집단주의적 발전모델	네덜란드, 덴마크, 프랑스, 벨기에. 오스트리아, 일본, 스위스, 호주
소극적 보장형	시장형 발전모델	캐나다, 미국, 독일, 영국, 아일랜드

제2절 국가별 연금제도 고찰

이 절은 재분배성과 사회적 적절성에서 유의미한 차이를 보여주고 있는 스웨덴과 미국 그리고 일본의 연금제도의 발전과정을 앞 절에서 구성한 발전모델에 입각하여 살펴보는 것이 그 목적이다. 연금제도의 도입 및 발전과정에서 노동계급의 주도적인 역할이 돋보이는 스웨덴, 국가의 주도하에 집단주의적 성격을 보여주는 일본, 그리고 시장의 논리가 강하게 각인된 미국의 연금제도의 역사적 발전과정이 각 소절의 주요 내용을 이루게 된다.

1. 스웨덴: 분배적 보장형 – 노동계급 주도형

1) 스웨덴의 사회보장과 연금제도

① 스웨덴 복지국가의 특징

스웨덴 복지국가의 제도적 특징과 스웨덴 복지국가의 성취도 수준에 대한 이해를 통해서, 스웨덴이 분배적 보장형의 연금제도를 잉태한 배경을 살펴볼 수 있을 것이다.

스웨덴 복지국가는 관대한 복지급여의 제공과 급격한 경제성장, 낮은 실업률을 성공적으로 조합하여 높은 국제적 명성을 누리고 있으며 따라서 경제적 효율성과 사회적 평등의 교묘한 결합을 성취해낸 국가로 평가된다.(Stephens, 1996: 32)

사회적, 경제적 위험에 대한 제도적 안전망을 평가하는 기준인 사회적 적절성에 대해서 먼저 알아보면 다음과 같다. 수혜대상의 보편성의 정도에서, 스웨덴은 높은 성취도를 보여주고 있다. 소득보장을 위한 사회보험 프로그램은 공무원이나 노동자계급의 특정 분파만이 아닌 모든 인구를 포괄한다. 또한 의료서비스와 교육 혜택이 전 국민을 대상으로 하여 무상에 가깝게 제공되며, 아동이 있는 모든 가구에게 아동수당이 주어진다. 이는 보편적 복지국가로서의 스웨덴의 위상을 보여주는 것으로서, 차등적 복지수혜를 제도화하지 않으며, 복지제도가 국민에 대한 통제수단으로 사용되는 것이 아니라 사회적 권리로서 사회생활 전반에 내재되어 있음을 보여준다.

두 번째 복지의 포괄성과 제공되는 급여의 적절성에 대해서 고찰해 보자. 스웨덴의 경우는 국가복지가 모든 종류의 사회적 위험을 포괄했을 뿐만 아니라, 높은 급여수준으로 보장의 적절성 역시 성취한 것으로 평가된다. 일반적으로 포괄적인 제도를 갖추지 못 한 경우에 국민들은 사회적 위험의 일부에만 안전망을 확보한 것으로 볼 수 있으며, 따라서 안전망을 확보하지 못 한 사회적 위험에 대해서는 개인적인 대책을 세우거나 시장의 작동에 운명을 맡기는 수밖에 없다. 또한 제도의 포괄성이 확보되었다 하더라도, 제공되는 급여의 수준이 적정치 못하다면, 이는 또 다른 문제를 낳기 마련이다. 즉 국가복지에 의해 제공되는 급여의 수준이 낮으면, 임금소득자들은 능력껏 민간 복지시장에서 그 보완물을 찾을 수밖에 없으며, 이는 계급에 따른 복지의 이중화를 낳게 되는 단초가 된다. 스웨덴은 특히 소득의 적정성을 평가하는 중요한 지표인 소득 대체율에서 높은 성취도를 보여주고 있는 것으로 나타나고 있다. 연금급여와 질병급여, 그리고 실업

급여 등에 제공되는 스웨덴의 사회보장 급여는, 같은 시기에 영국 등 여타 복지선진국과 비교할 때 유례가 없이 높은 것으로 나타나고 있으며[56] 이러한 제도적 장치에 의거하여 스웨덴의 임금소득자들은 노동시장으로부터 높은 자율성을 누리게 된다. 재분배의 측면에 있어서도 스웨덴의 복지국가는 높은 성취도를 보여준다. 서구에서 복지국가의 위기에 뒤이은 복지삭감의 노력이 구체화되기 이전인 1980년의 경험적 연구인 〈표 4-10〉은 이러한 사실을 보여주는 대표적인 예가 될 수 있다.

〈표 4-10〉 4개국 복지국가의 시기별 재분배 효과 비교(1980)

	미 국	독 일	영 국	스웨덴
가구소득의 구성				
시장소득	90.8	83.3	81.7	70.8
사회보장급여	8.0	16.5	17.2	29.2
기 타	1.2	0.2	1.1	0.0
각 계층의 소득이 총소득에서 차지하는 비율(%)				
하위 1/5	6.1	7.5	9.0	10.6
다음 1/5	12.8	12.7	13.5	16.1
다음 1/5	18.1	16.1	18.0	19.1
다음 1/5	24.4	20.7	23.4	23.1
상위 1/5	38.6	43.0	36.1	31.1
지니계수	32.6	34.0	27.3	20.5

* 자료: O'Higgins(1990, 30-35). 김영순(1996)에서 재구성

　　스웨덴은 가구소득의 사회보장 급여에 대한 의존도가 여타 국가에 비해서 높은 것으로 구성되고 있으며, 하위계층의 소득이 총소득에서 차지하는 비중은 높지만, 상위계층의 비중은 낮게 나타나고 있다. 따라서 지니계수

---

56) 독일, 오스트리아, 영국 등과 비교해서 1.5배 내지는 2배에 가까운 소득 대체율을 보여주며, 특히 노령연금의 경우에는 압도적인 편차를 보여주고 있다.(Esping-Andersen and Korpi 1984: 201)

134

가 가장 낮은 나라로 평가된다. 이러한 계층화의 특징은 상당부분 국가복
지의 재분배 효과 때문인 것으로 볼 수 있다. 재분배성을 측정할 수 있는
지표 중에서 거시적으로 확인할 수 있는 정부의 지출과 사회보장의 재원
조달방식을 살펴보면 이는 더욱 뚜렷해진다. GDP 대비 사회보장비지출을
비교해 보면 스웨덴은 OECD 국가 중에서 정부의 사회보장비 지출비율이
가장 높은 나라인 것으로 나타난다. 1960년대에 선두그룹으로 올라선 스웨
덴은 1970년대 중반 이후로는 수위를 차지하게 되었다. 특히 미국이나 일
본의 3배에 육박하는 정부의 지출비율은 스웨덴 복지국가의 높은 재분배
적 성격을 보여주는 요소로 파악할 수 있을 것이다.

다음으로 사회보장의 재원조달에 대해서 살펴보면 〈표 4-11〉에서 볼 수
있듯이 스웨덴은 사회보험의 재원에서 개인의 기여금이 차지하는 비율이
매우 낮은 나라에 속한다.

이는 스웨덴이 사회보험의 재원 대부분을 공공지출과 고용주 부담에 의
해 조달하는 데 기인한다. 공공지출은 누진적인 세금에 기반하고 있으며,
고용주는 사회계층에서 상위에 속하는 집단으로 판단할 수 있으므로, 이러
한 재원조달방식은 높은 재분배의 효과를 동반하게 된다. 결론적으로 스웨
덴의 사회보험은 기여에 따른 급여라는 보험원리, 형평성의 원리라는 보험
원칙뿐만 아니라, 사회적 적절성과 재분배성이라는 복지원리가 주된 정책
기조를 이루고 있다고 여겨진다.

〈표 4-11〉 서구 복지국가의 사회보험 재원조달(%), 1949-1977

	덴마크	스웨덴	영국	독일	오스트리아	이태리	프랑스
공공지출	80	65	55	30	25	22	20
고용주	8	22	25	42	48	62	2
피보험자	12	13	20	28	27	16	19

* 출처: Flora(1985)

이처럼 높은 재분배성을 보여주고 있는 스웨덴의 복지제도는 노동자계급뿐만 아니라 중간계급까지 보편적 프로그램을 통해 제공되는 국가복지의 틀에 포섭시킨다. 그리고 그 결과 시장임금의 불평등은 복지에서의 불평등으로 연결되지 않는 결과를 가져왔다.[57]

이상에서 스웨덴의 복지국가는 단지 복지지출의 총량지표라는 양화된 기준에 의해서만이 아니라 사회적 적절성과 재분배성이라는 내용적 의미에서, 복지국가의 목표에 가장 가깝게 다가간 사례로 평가될 수 있다. 따라서 복지국가의 유형분류를 시도했던 이론가들이 스웨덴의 복지모델을 유형화시키는 경우에 '제도적·재분배적 모델(institutional redistributive model; Titmuss 1974)', (사회보장국가에 대비되는) '사회복지국가 (social welfare state; Furniss and Tilton 1993)', '통합된 복지국가 (integrated welfare state; Mishra 1986)', '강한 개입주의적 복지국가 (strong interventionist welfare state; Therborn 1987)' 등으로 분류한 것은 타당한 분류로 여겨진다.

② 스웨덴 연금제도의 구성

스웨덴의 연금제도는 1957년의 개혁을 통해서 구성된 기본연금(FP)과 국가보조연금(ATP)의 이중구조를 기본틀로 해서 운영되고 있다. 기본연금은 전 국민을 대상으로 하는 보편적 연금제도로서 기초액에 의거한 정률제의 급여를 원칙으로 하고 있다. 따라서 기본연금은 종전소득이나 현재소득과는 상관없이 물가상승에 연동시킨 계산단위로서 「기초액(Base Amount)」[58]에 대한 비율로 표시된다. 반면에 국가보조연금은 가입자들의 소득에 비례해서 급여를 제공하는 연금제도이다. 이 제도에 의해서 가

---

57) 스테픈스(Stephens)는 스웨덴 복지국가의 4대 특징을 보편적인 포괄도, 높은 소득 대체율, 시민권의 확대, 그리고 서비스의 강도라고 보고 있다 (Stephens, 1996: 36).

58) 1997년 현재 36,300크로나가 기초액임(U.S. Department of Health and Human Services, 1998: 337).

입자들은 가입기간 중 상위 15년간의 소득에 비례한 급여를 받게 된다.

스웨덴 연금제도의 특성을 사회적 적절성과 재분배의 측면에서 살펴보자. 사회적 적절성의 첫 번째 지수인 보편성의 정도에서 스웨덴은 전 국민을 연금제도에 흡수시킴으로써 높은 성취도를 보여준다. 현재의 제도적 틀이 마련된 1948년부터 스웨덴 연금제도는 3년 이상의 거주기간을 갖고 있는 모든 거주자에게 연금제도의 혜택을 제공하고 있다. 국가보조연금의 경우에는 모든 자영업자와 피용자를 대상으로 하고 있다. 이처럼 완벽한 보편성에 기초한 스웨덴 연금제도로 인해 1994년 현재 스웨덴 전체 인구의 약 17%인 1,578,000명이 노령연금의 수혜를 받고 있다. 평균수명이 여성 80세, 남성 74세인 스웨덴은 노령인구의 비율이 높기 때문에 전체 노령인구를 대상으로 한 연금제도의 운영은 노인복지를 위한 국가적 노력의 한 단면을 드러내고 있는 것이다.

한편 스웨덴 연금제도의 대체율을 시기적으로 살펴보면 아래의 표와 같다.

<표 4-12> 스웨덴 연금제도의 시기별 대체율

시 기	1950	1961	1970	1975	1980	1985	1995
대체율	18	54	85	77	82	77	75

* 출처: Espina(1996: 195), Davids(1995: 43), Gordon(1988: 61), Blondal and Scarpetta(1998: 62), Stephens(1996: 33)에서 재구성

여기서 알 수 있듯이 스웨덴 연금제도의 소득 대체율은 1961년의 국가보조연금의 도입 이후에 꾸준히 상승하여서 1970년대와 1980년대에 걸쳐서 80%에 육박한다. 이러한 대체율 수준은 매우 높은 수치로서, 여타 복지국가에 비해서 매우 높게 나타나고 있다. 주목할 만한 사실은 1995년의 대체율의 하락인데, 이는 다음절에서 살펴보겠지만, 상층부의 대체율이 전체적인 지수의 하락에 영향을 미친 결과로서 사회적 적절성은 전체적 수치로는 낮아지는 효과가 있지만 재분배성은 높여주는 현상을 드러내게 된다.

스웨덴 연금제도에서는 다음과 같은 지수조정장치를 마련해 두고 있다. 연금수급개시 2년 차부터 각 연도의 연금액은 물가상승률과 실질임금상승률을 고려하여 산정된다. 연금액은 경제성장률을 미리 반영하여 계산되는데, 계산된 경제성장률과 실질임금상승률이 일치할 경우에는 물가연동을 실시하고, 실질임금상승률이 예측치를 넘어서거나 하회하는 경우에는 그 비율만큼 물가연동을 수정하여 적용한다. 이처럼 물가와 임금 두 가지 요소의 변동에 민감한 슬라이드제도를 확보함으로써 스웨덴 연금제도는 사회적 변동에 예민하게 반응하는 연금급여를 국민들에게 제공하게 된다.

사회적 적절성을 측정하는 마지막 지표인 수급자격의 유연성은 다음과 같다. 연금수급개시 연령은 65세로 정해져 있으나, 조기 지급과 관련하여 60세부터 수급이 가능하다. 또한 급여의 수급이 소득 및 자산조사에 의거하지 않음으로써 제도에 대한 접근이 용이한 측면이 있으며, 퇴직을 연금 수급의 전제조건으로 하지 않기 때문에 연금제도의 유연성이 높게 평가될 수 있다.

다음으로 재분배성을 나타내 주는 개별지수에 대해 살펴보면, 정부의 역할에서 스웨덴은 공공부문이 고용 및 산업의 중요한 구성부분을 차지할 정도로 복지제도의 구성과 운영에 많은 의미를 부여하고 있다.[59] 뿐만 아니라 노령복지를 위한 정부지출, 사회보장지출 중에서 연금제도를 위한 지출이 차지하는 비중 등의 항목에서 최상위권에 분류되는 국가에 속한다. 이상의 사실은 노후의 보장을 위한 국가적 차원에서의 노력을 보여주는데, 특히 정부의 적극적인 재정지원은 노인층의 계층적 지위가 퇴직과 동시에 하락하는 것을 막을 수 있는 근거를 마련해 주고 있다.

두 번째로 노령보장을 위한 재원의 조달방식을 살펴보자. 스웨덴은 연금

---

59) Stephens(1996)에 따르면 국가의 복지부문 고용이 전체 노동인구의 15.4%를 차지하고 있다. 이는 기독교 계통의 복지국가인 유럽의 6개국(5.1%), 앵글로 아메리칸의 4개국(6.1%)의 수치를 훨씬 상회하고 있어, 국가의 복지에 대한 적극적인 자세를 잘 드러내주고 있다.(Stephens, 1996: 35)

제도의 재정을 두 가지 방식으로 충원하고 있다. 먼저 기본연금의 경우 1997년 현재 고용주와 자영업자가 각각 5.86%, 6.03%의 기여금을 그리고 국가가 전체 비용의 1/4를 부담하지만, 대다수를 차지하는 피용자는 기여를 면제받고 있다. 국가보조연금의 경우에는 고용주가 13.0%의 기여금을 내는 반면에 피용자는 1%의 기여금만을 제공하고 있다. 이처럼 재원조달이 주로 국가의 일반재정과 고용주의 기여금으로 이루어지기 때문에 보험원리는 적용되기 어려우며, 높은 재분배 효과를 기대할 수 있다.

사회보험 방식의 연금제도를 택하면서도 수급자의 대부분을 구성하는 피고용자에게 보험료를 받지 않는 스웨덴의 연금제도는, 재원의 상당부분을 고용자에게 부과함으로써 노령연금이 노동에 대한 대가라는 시민권적 사고를 확립시킨 독특한 케이스라고 할 수 있다.

세 번째로 급여의 차등적 구성에 따른 재분배 효과를 살펴보자. 스웨덴은 상층과 중간층, 그리고 하층이 골고루 높은 소득 대체율을 보이기 때문에 재분배성보다는 소득의 적정성에 초점을 맞춘 듯이 보일 수도 있다. 그러나 하층의 대체율이 상층보다 상대적으로 높게 나타나고 있으며, 특히 80년대의 연금개혁 이후에는 상층의 대체율은 급격히 하락하는 반면에 하층의 대체율은 현상을 유지하는 모습을 보여주기 때문에, 노령급여의 제공을 통해서 사회적 불평등이 완화되는 사회적 결과를 강하게 드러내고 있다.

마지막으로 소득상한을 철폐하여 상층의 소득이 하층으로 이전될 수 있는 장치도 마련해 놓고 있다고 보여진다.

2) 역사적 과정과 동력

① 성립 및 점진적 발전기(1913-1946) - 노동계급 주도권의 형성과정

㉠ 연금제도의 도입

연금제도의 도입을 둘러싼 시기에 스웨덴의 계급적 지형을 살펴보면 다

음과 같다. 후발 산업국인 스웨덴은 구스타프 국왕을 정점으로 하는 왕권이 취약했고 대신 귀족의 통합적 지배력이 강했다. 그러나 스웨덴의 귀족세력은 독일처럼 군부와 관료제를 장악하지도 못했으며, 영국처럼 일찌감치 농업의 상업화에 성공하여 경제적 기반을 공고히 하지도 못하였다(송호근, 1997: 47). 따라서 19세기 말의 약 30년 동안 제국의회는 부농의 강력한 지지를 받았던 농민당에 의하여 운영되었으며, 농민당은 노동운동이 활성화되기 이전에 가장 강력한 정치세력이었다. 이러한 상황에서 발전하는 자본주의의 한 축인 부르조아는 몹시 취약한 상태에 있었으며 반면에 전국적으로 광범위하게 형성되기 시작한 노동자조직들은 스웨덴의 강점이었다. 덧붙여 노동자와 자영농민과의 친화성도 스웨덴 연금제도의 발전을 가져온 한 요소가 되었다.

19세기 말부터 급격한 산업화와 민주화를 경험한 스웨덴은 노령보호의 사회적 요구에 귀를 기울이게 되며, 1913년에 국민 전체를 대상으로 한 국민연금제도를 도입하게 된다. 주목할 것은 이 제도에 대한 의회의 통과과정이 만장일치로 이루어졌다는 것이다. 특히 농민과 소규모 자영업자의 정치적 지지는 스웨덴 연금제도의 발전과 관련해서 시사하는 바가 크다.

1913년의 연금제도 도입이 갖는 의미는 첫째, 다수의 지지를 유도하는 제도적 내용을 담고 있었다는 것이다. 1913년의 연금제도는 소규모 자영업자와 농민뿐 아니라 기득권층의 요구도 일정하게 충족시키는 급여 지급방식을 택했고, 이는 자연스럽게 대다수 정치세력의 지지로 귀결되어 의회에서 만장일치로 통과되는 결과를 가져왔다(Olsson, 1993: 90). 이러한 역사적 전통은 이후 연금제도의 개선을 둘러싼 사회세력 간의 갈등을 통합적으로 조정하는 데 있어 중요한 선례로 작용했다.

둘째, 노동계급의 유연한 입장을 지적할 수 있다. 스웨덴의 노동운동은 초기부터 사회주의 혁명보다는 변혁적 발전을 지향하는 이념적 지향이 강하게 형성되어 있었으니, 1889년 스웨덴 사민당(SAP)이 결성되고 1898년 스웨덴 노동조합(LO)이 결성되었을 때 노동계급을 기다리고 있었던 것은 취약한 국가, 취약한 지배계급, 취약한 산업기반이었다(송호근, 1997: 70). 이러한 사회적 상황에 대하여 SAP의 지도자들은 노동계급이 처한 현실적 조건을 개선하고 생활을 향상시키는 것을 최대의 목표로 설정하였다. 동시에 노동계급의 윤곽을 자영업자, 도시빈민, 농민, 사무직노동자 등 자본주의사회에서 핍박받는다고 간주되는 대중 전반으로 확대시켜 나갔다.

1913년 도입된 스웨덴의 기본연금제도는 기혼여성, 공무원, 자산소유자 등을 제외한 16세 이상, 66세 이하의 모든 국민을 가입대상으로 하고 있었으며, 수급자에게는 기본연금액과 가급연금액으로 구성된 급여를 제공하였다. 스웨덴 연금제도의 개선은 점진적인 발전과정을 거치게 되며, 1930년대 초에 이르러서는 노령인구의 3/4가 급여를 받을 수 있게 되었고, 수입조사연금이 보조적으로 제공되었다. 특기할 만한 사실은 이러한 점진적 개혁이 대다수 정당의 지지를 받으며 이루어졌다는 것이다(Olsson, 1993).

ⓛ 1935년의 개혁과 스웨덴 모델의 등장

높은 조직률과 제1당의 지위에도 불구하고 스웨덴의 노동조합과 사회민주당은 헤게모니적 위치에 있지 못했으며, 노사협상과 정권장악에는 번번이 실패했다. 노동계급이 전면에 등장하게 된 전기는 1932년 선거였다. 당시 대공황과 전쟁으로 인한 사회적 상황은 실업문제의 해결과 경제활성화를 요구했다. 자유주의적 정책을 고수한 자유당 및 보수당과는 달리, 비그포르스(Wigforss)의 정책적 제안을 받아들인 사민당은 팽창적 재정정책을 통해 유효수요를 창출하고 실업문제를 해결할 것을 제안했다. '인민의 집(People's Home)'이라는 슬로건[60]을 내건 사민당은 선거에서 42%라는 창당 이후 최고의 득표율을 기록했다. 여기서 더 나아가 사민당은 농업관세와 농업보조금의 지급이라는 농민당의 요구를 수용함으로써 '적녹연

---

60) 한손(Per Albin Hansson)이 내건 이 슬로건은 국가는 모든 인민에게 안락한 집과 같은 존재이어야 한다는 것으로, 사민당의 정책적 지향을 잘 보여준다(Tilton, 1990: 125-144).

합'(red-green alliance)에 의한 집권, 즉 사민당과 농민당의 연정을 탄생 시켰다(Esping-Andersen, 1985: 87-88).

한편 노동조합총연맹(LO)은 사민당의 집권에 발맞추어 기존의 격렬하 지만 소득이 없던 교섭방식을 버리고, 노사문제를 정치적 협상을 통해 해 결하려는 유연한 자세를 보였다. 또한 자본가들의 전국 조직인 고용주총연 맹(SAF) 역시 변화된 정치적 환경에 적응하기 위해 LO와 정치적으로 타협하는 길을 택하게 된다(Martin, 1984: 195-198).

이처럼 노동계급의 사회적, 정치적 권력자원의 확대, 농민계급과의 동맹, 자본가계급과의 타협으로 이어지는 일련의 과정은 노동계급 우위의 계급 지형으로 스웨덴이 진입하고 있음을 잘 보여주고 있다. 그 결과, 노동계 급의 주도성은 더욱 확대되었으며, 이를 통해서 복지발전을 주도할 수 있 는 영향력을 확장하는 결과를 가져왔다. 이처럼 확대된 노동계급 주도의 계급지형은 '역사적 대타협'으로 불리는 1938년의 「살쯔요바덴 기본협정 (Saltzubaden Agreement)」[61]을 이끌어 내게 되며, 이는 결국 스웨덴 복 지발전의 모태인 '스웨덴 모델'[62]의 탄생을 가져오게 된다.

집권 사민당 정부가 1935년도의 개혁에 의해 시도한 연금제도의 변화내 용은 다음과 같다. 먼저 보험대상을 확대하여 공무원에게 문호를 개방했으 며, 1936년에 자녀보조금제도 도입하였다. 소득의 적정성을 확보하기 위해 서 대체율의 향상에 초점을 맞추어 연금의 급여방식을 정액과 소득비례 부문으로 이원화하였다. 특히 노령연금의 급여액을 상향조정했으며, 1941 년에 전쟁으로 인한 인플레이션 때문에 연금의 실질가치 유지를 위한

---

61) 살쯔요 바덴 협정의 계급적 의의와 사회복지 발전에 끼친 영향에 대해서
    는 송호근(1997, 81-104) 참조.
62) '스웨덴 모델'이란 스웨덴의 복지발전을 가져온 국가적 특징을 요약한 표
    현이다. 마틴은 스웨덴 모델을 일컬어 "생산에 대한 결정 자체는 자본주의
    적 원리와 제도에 의해 이루어지지만 결정이 내려지는 환경은 국가와 노
    조에 의해 강력히 통제되는 체제"를 일컫는다고 주장하고 있다(Martin,
    1984: 191-200).

물가보조금제도를 도입하는 획기적인 조치를 취하였다.

② 연금제도의 발전기(1946-1973) - 계급동맹과 연금제도의 확산

㉠ 1946년의 개혁과 노동계급의 주도력

스웨덴에서도 근대적 복지국가가 수립된 것은 제2차대전 이후였다. 1930년대에 집권한 사민당이 본격적인 복지개혁에 착수한 것은 종전 이후였으며, 1950년대 초까지는 기초적 제도들이 형성되었다. 1946년의 연금개혁을 필두로 1949년에는 산업재해보상법이, 1954년에는 아동수당법과 주택수당법이, 그리고 1955년에는 질병보험법이 통과됨으로써 보편적인 사회보험제도가 도입되었다(Olsson, 1989).

한편 이러한 복지개혁 역시 사민당을 주축으로 하는 노동계급 권력자원의 확대강화에 기인한다. 사회적 대통합을 통해서 자신의 정치적 기반을 더욱 공고하게 만든 사민당은 노조와의 연대를 더욱 긴밀하게 다져나갔다. 그리고 이러한 사민당 - 노조의 연대력을 바탕으로 하여 전후의 변화하는 사회적 정세에 맞추어 노동계급의 정치적 주도권을 유지하고 확대하는 유연한 전술을 지속적으로 전개해 나가게 된다.

이와는 반대로, 1940년대에 들어서면서 스웨덴의 문화에서 정치적 보수주의는 쇠락의 길을 걷게 된다. 이러한 쇠락은 복지에 대한 대중적 지지의 확산에 따른 필연적 결과로 볼 수 있는데, 보수주의자들은 대부분의 주요한 복지개혁을 모두 지지할 수밖에 없었고, 도시의 화이트칼라를 자신의 지지세력으로 끌어들이려 노력하고 있었다. 사민당과 자유주의자들 역시 신중간계급을 끌어들이려 적극적으로 노력하고 있었는데, 특히 사민당은 그들이 노동자의 당이 아니라 모든 임금소득자의 당으로서 그들의 보편적 이해를 대변하고 있음을 적극적으로 선전함으로써 정치적 입지를 넓혀갔다. 이러한 정치적 상황이 스웨덴 3대 정당 간에 연금 개혁을 위한 공동의 기반이 마련되었다(Olsson, 1993).

이러한 사회적, 정치적 조건 속에서 1946년의 연금개혁 역시 별다른 충

돌 없이 이루어지게 된다. 이 개혁의 특징은 수급대상자를 단신과 부부로 구분하여 급여를 제공함으로써 여성연금이 도입되는 전기를 마련한 것이고, 기본연금의 재정을 국가가 담당하기로 한 것, 그리고 소득비례연금은 1%의 과세소득에 의거해 재원을 조달한 것 등의 특징을 갖는다. 1946년의 개혁 이후에 연금의 실질가치 유지문제가 지속적으로 제기되었는데, 이는 전후의 인플레와 경제성장의 속도에 발맞추어 급여의 적정성을 보장하는 문제였으며, 이를 위한 획기적인 개혁은 1950년대 후반의 계급동맹을 통해서 구체화된다.

　ⓛ 노동계급과 중간계급의 동맹

1950년대 중반에 등장한 국민보조연금(ATP)은 스웨덴 연금제도의 중대한 변화를 보여주고 있다. 지금까지 모든 국민들에게 보편적으로 제공되었던 복지혜택인 노령연금에 덧붙여 소득과 연계된 새로운 연금제도가 도입되었다. 이는 경제가 발전하면서 소득이 높은 계층이 사보험을 구입할 수 있었기 때문에 퇴직자들이 2개의 연금계급으로 나누어질 위험에 처하게 된 상황에서 나온 개혁이었다. 사보험의 확산을 통한 노동계급의 분열을 막기 위해서, 사민당은 LO의 요구를 받아들여 모든 공공부문 종사자와 사적부문 종사자들이 강제적으로 가입하는 소득연계보험안을 제출하였다. 이 법안에 따르면, 노동자들의 경우에는 퇴직 후에 생애기간 가운데 가장 임금이 많았던 15년간의 평균임금의 3분의 2에 해당하는 연금급여를 받을 수 있게 되는 것이었다. 사민당은 사보험의 발달을 통해서 부족한 노후의 소득을 보충하는 것보다는 개별 노동자들의 소득수준과 연계되는 제도적 장치를 창안하는 것이, 연금수혜자들 사이의 불평등을 줄일 뿐 아니라 사보험을 통한 계층화를 막는 효과적인 방법이라고 생각한 것이다(신광영 외, 1997: 78).

국민보조연금의 도입을 둘러싼 사회세력 간의 갈등과 충돌은 향후 스웨덴의 계급지형의 변화와 관련하여 중대한 사회적 파장을 가져왔으며, 복지

발전을 둘러싼 노동계급의 주도적인 위치를 공고화하는 분수령이 되었다.

먼저, 이전에 사민당의 정치적 파트너였던 농민당과 농민들은 국가보조연금제도가 농민층에는 불리하다는 사실을 알고 반대의 입장으로 돌아서게 된다. 왜냐하면 높게 책정된 급여의 상당부분이 고용주 기여분에 의해 조달되는 개정연금제도에서는, 자영업자로 분류되는 농민들에게는 고용주와 동일한 부담이 고스란히 부과될 수밖에 없었고, 따라서 농민당의 연금개혁안에 대한 반대는 당연한 결과였으며, 결국 이들은 연정을 탈퇴하게 된다.

반면에 화이트칼라들은 재원조달방식과 더불어 소득비례급여 산정방식 등 자신들에게 유리한 각종 조치들로 채워진 이 법안에 대해 적극적인 지지를 보여주게 된다. 이러한 지지는 법안 통과 직후인 1960년의 선거에서 반수 이상의 화이트칼라가 사민당을 지지하는 것으로 나타났다.

한편, 보수당은 국가보조연금제도에 대해 즉각적인 비난을 퍼붓는다. 보수당은 기본연금 이외의 연금은 사적인 것이기 때문에 사보험으로 남아있어야 한다고 주장했다. 자유당은 이미 국민들의 경제생활이 안정되었기 때문에 개인들로 하여금 자율적으로 자신들의 복지를 위해서 저축하도록 해야 한다고 주장했다. 따라서 이러한 정치적 배경을 둘러싸고 국가보조연금제도는 1958년 선거의 쟁점으로 등장하게 되며, 소수연정을 구성한 사민당은 이 법안을 의회에 상정시켜, 격렬한 논쟁과 대립 끝에 1표 차이로 의회에서 통과되게 되었다. 결국 1959년부터 소득에 따른 강제 연금보험인 국가보조연금(ATP)이 실시되게 된 것이다.

국가보조연금제도의 도입은 스웨덴의 변화된 계급지형과 이에 기반한 사민당의 유연한 대응을 보여준다. 전후의 경제성장은 새로운 사회세력으로서 사무직 노동자들의 비중을 급증시켰고, 이러한 경향은 점차 확장되는 추세에 있었다. 반면에 전통적인 연정의 파트너였던 농민의 사회적 기반은 쇠락해 가고 있었으며, 수적으로도 감소를 면치 못하고 있었다.[63] 사민당

---

63) 스웨덴의 계급구성의 변화를 살펴본 연구에 따르면, 1956년 현재 노동자들이 전체 노동력에서 차지하는 비율이 53%이고 사무직 노동자들이 차지하

과 노동계급은 복지발전의 새로운 파트너로서 신중간계급인 화이트칼라의 등장에 주목하고 있었으며, 그들을 복지체제 안으로 수용하는 전술을 통해서 새로운 복지동맹의 공고화를 추구하게 된다. 이러한 노력의 일환으로 제공된 것이 국가보조연금제도의 입안이었으며, 이러한 연금개혁을 통해 형성된 노동자계급과 화이트칼라 간의 복지동맹은 시간이 지남에 따라 더욱 공고해졌다.

1957년의 연금개혁은 다음과 같은 의미를 갖는다.

첫째, 사민당과 노동계급은 새로운 동맹의 파트너로서 중간계급과의 연대를 공고히 하는 데 성공함으로써, 사회적 변동의 중심부에서 복지발전을 추동해 나아갈 역량을 확보하게 되었다. 둘째, 국가보조연금제도의 도입을 기점으로 근대적 의미의 보편주의적 복지국가의 궤도에 본격적으로 진입하였으며, 이후의 복지확대의 주춧돌을 놓게 된다.[64] 셋째, 개혁을 둘러싼 갈등과정에서 보여주었던 사민당과 노동계급의 정치적 통찰력과 조정 및 통합 능력 등은 노동계급이 스웨덴의 계급지형을 주도해 나갈 능력이 있음을 다시 한번 확인시켜 주었다. 마지막으로 중간계급은 노동계급과의 동맹을 통해서 스웨덴 복지발전의 한 지주가 됨과 동시에 복지소비자로서의 지위를 통해 어느 나라에서 보다 많은 이익을 복지국가를 통해 얻게 되었다.[65]

는 비율이 26%인 데 반해서 농민들은 13%에 그치고 있다. 70년대에 들어서면 노동자가 46%로 소폭 감소하고 화이트칼라가 41%로 급증한 데 비해서 농민은 6%로 대폭 축소된다(Holmverg and Gilljam, 1990: 225).

64) 에스핑-안델센과 코르피는 스웨덴 복지국가의 역사를 2단계에 걸친 점진적 발전으로 설명한다. 즉 전후부터 1950년대까지의 지배적인 관심사가 균등률 급여체계에 기초한 보편적이고 포괄적인 소득보장체계를 확립하고 공적 서비스의 범위를 확대하는 것이었다면, 1960년대 이후로는 소득대체가 가능할 정도의 '충분한 급여'가 강조되었다는 것이다(Esping-Andersen and Korpi, 1987: 47-49). 따라서 1960년대 이후 각종 사회보장급여에 적용된 소득비례급여방식은 충분한 급여를 보장하기 위한 장치로서, 보상의 완벽성을 달성하는 데 크게 기여했다.

65) 즉 스웨덴의 복지국가체계는 복지소비자로서의 중간계급으로 하여금 보편

③ 복지위기와 연금제도의 개편기

㉠ 복지국가의 위기와 정치적 혼란

1970년대 초반의 오일쇼크로 촉발되기 시작한 스웨덴의 경제는 스웨덴의 복지국가를 궁지로 몰아넣게 된다. 경제위기는 인플레이션의 급등과 성장률의 저하, 국제수지의 적자와 외채의 급격한 증대로 요약될 수 있으며, 이러한 경제의 침체는 복지국가의 운영에 필요한 재원을 조달하는 통로인 세수의 증대를 가로막게 되었으며, 이는 결국 재정위기로 이어졌다.[66]

경제위기가 초래한 사회적 상황은 복지국가의 정당성에 대한 의문도 함께 제기하게 된다. 역사적 대타협인 살쯔요바덴 협약에 근거한 복지국가의 발전모델이 변화된 경제여건과 국제적 환경 속에서 여전히 타당한가의 여부와 더불어 효율적인 패러다임인가에 대한 회의가 확산되었다.

이러한 사회적 상황은 1976년 선거에서 보수연정(자유당, 중도당, 보수당)의 집권으로 이어져 복지국가의 위기를 심화시키게 된다. 집권 보수당은 연립정부 내에서 가장 신자유주의적인 입장을 취하면서, 복지국가를 스웨덴 경제의 구조적 문제점의 근원으로 공격했다. 그리고 감세와 복지축소, 경쟁원리의 회복에 의한 민간경제의 활력증진을 내세웠다(Olsson, 1990: 264-265). 그리하여 1932년 이래 사민당이 이룩한 제도들의 변화를 꾀했으며, 국가제공의 복지급여를 민영화시키려는 노력을 보여주었다. 그러나 이러한 제안은 복지행정에 참여하는 공무원과 복지수혜자들의 반발에

적 특성을 갖추면서도 동시에 그들의 고급스런 복지욕구를 만족시킬 수 있게 만들었던 것이다(김영순, 1996: 210).

66) 주지하다 시피 복지국가의 위기는 스웨덴만의 고유한 상황은 아니었다. 고프(Gough)가 주장하였던 1945년부터 1975년까지의 전후 30년간의 '복지국가의 황금기'(Gough, 1979: 136)는 계속되는 스태그플레이션과 대량 실업의 발생 등 경제적 위기에 직면하게 되고, 이에 따른 정치적 정당성의 위기, 사회적 합의의 파산, 문화적 생활양식의 변화 등 다양한 변동에 처하게 된다. 특히 복지비용의 삭감을 주장하는 신보수주의 정권의 등장은 복지국가의 위기를 요약적으로 보여주는 현상으로 볼 수 있다.(최경구, 1991: 19)

부딪혀 실현되지 못했다.[67] 오히려 1976년부터 1979년까지 사회복지비용 증가율은 8.0%로 이전의 7.3%보다 더 증가하였다(Heclo and Madsen, 1987: 167). 실제로 보수연정이 시도한 것은 '복지제도의 개혁'이 아니라 '복지제도의 조정'이었다. 그리고 1982년 선거에서 사민당이 재집권에 성공함으로써 보수주의자들의 시도는 좌절되었다. 집권 사민당은 변화된 제도들을 원상회복 시켰지만 재정적자의 문제는 여전히 남아 있었다. 재집권한 사민당은 변화된 사회적, 정치적 정세에 대해 또 한번의 변신을 보여주어야 하는 부담을 안게 되었다.[68] 결국 사민당의 정책기조는 복지제도의 감축도 확대도 아닌 현상유지를 기축으로 하여 복지의 민영화가 아닌 복지행정의 분산화를 시도하게 된다.[69]

그러나 1990년에 재발된 경제위기와 1992년 유럽의 통화교란은 스웨덴 경제의 지표를 다시 하락시켰으며,[70] 이는 1991년 보수우파 정권의 재등장을 가져온다. 보수당 정부의 재정감축과 사회복지 급여의 삭감은 1994년 선거에서 사민당 복권으로 나타났으나, 새로운 복지국가에 대한 완성

---

67) 스웨덴의 복지프로그램에 대한 국민들의 개별적 지지 및 복지삭감에 대한 선호도를 조사한 1986년의 한 연구에 따르면, 스웨덴 국민들은 주택 수당과 사회부조는 22-36%의 삭감을 요구한 반면에 의료서비스와 가족관련 서비스, 그리고 노인관련 지원은 37-47% 인상해 줄 것을 요구하는 것으로 나타났다(Svallfors, 1991: 612).
68) 재집권한 사민당 정부가 시행했던 정책은 케인즈주의적 팽창정책과 대처의 내핍정책 사이의 '제3의 길'로 불리운다.(Stephens, 1996: 44-45) 사민당 정부는 크로나화의 평가절하를 통해서 스웨덴 산업의 경쟁력을 부활시켰고, 이와 동시에 임금제한의 철폐, 적자 감축 등을 통해 노동자에게서 자본가에게로 소득을 역진적으로 재분배시키는 것이었다. 제3의 길은 광범위한 성공을 거두었다. 재정적자가 해결되었고, 무역수지는 흑자로 돌아섰으며, 실업률은 하락했다. 이러한 성공을 통해서 사민당은 1985년 선거와 1988년 선거에서 승리를 거두게 된다.
69) 반면에 보수당은 사유화와 경쟁체계의 도입을 통한 복지개혁을 주장했으며, 중앙당은 분산화를 촉구했다.(Stephens, 1996: 47)
70) OECD 지표에 따르면 1993년에 실업률은 7.7%로 상승했으며, 경제성장은 1991, 1992, 1993년 모두 적자를 기록하게 된다.(OECD, 1994: 36)

된 합의는 여전히 도출되고 있지 못한 상태라고 볼 수 있다.

ⓒ 복지위기 시대의 연금제도

복지국가의 위기를 등에 업고 등장한 1981년 중도 우파의 연금제도에 대한 개혁에 대해 살펴보면 두 달에 한 번씩 물가에 연계하여 재조정하게 되어있던 급여조정방식을 1년에 한 번씩만 재조정하도록 하는 법안을 통과시켰으며, 연금소득을 저하시키는 몇몇 조치들을 등장시키게 된다 (Therborn, 1991: 259). 그러나 이러한 조치들은 세계최고의 노령인구 비율을 나타내고 있는 스웨덴의 사회적 배경에서는 상당한 정치적 부담을 감수하는 결과를 초래하게 되며, 짧았던 집권기간 동안 실행시키기에는 역부족이었다.

1980년대의 연금개혁을 통틀어 주목할 만한 조치는 오히려 사민당의 개혁안에서 나타나게 된다. 사민당은 연금지출을 억제하기 위한 몇몇 조치들을 시행하게 되는데 연금소득자들의 연금산정기준에 16%의 크로나화 평가절하로 인한 손실분을 반영하지 않도록 한 것이 대표적인 예였다. 이 조치는 연금소득자들의 소득을 떨어트렸고, 사민당 지지자들의 강한 불만을 사게 되었다(Walters, 1985: 361).

그러나 1980년대 전체를 통틀어 연금제도에는 연금지출에 큰 영향을 주는 제도개혁은 없었다고 볼 수 있으며, 따라서 연금지출은 1980년대 동안에도 꾸준히 증가했다. 주목할 만한 변화는 '소득 대체율의 변화'에서 찾을 수 있다. 연금급여의 소득 대체율은 80%를 상회하던 1970-80년대와 비교하여 1990-1995년 사이에 70-75%로 하락했다. 이러한 변화가 1980년대에 이루어진 연금제도 개혁의 결과임에 틀림없지만, 이를 통해서 스웨덴 연금제도가 손상을 입었음을 의미하는지에 대해서는 이견의 여지가 있다.

이러한 이견은 다음과 같은 사실을 통해서 입증될 수 있다. 전체 계층의 소득 대체율의 하락과는 달리 생산직 노동자 평균임금(APW: average production worker's wage)에 상당하는 소득과 그 이하의 소득을 얻었던 사람들의 소득 대체율은 완만히 상승하는 경향을 보인다. 반면 APW의 2배와 3배의 소득을 얻던 사람들의 소득 대체율은 급격히 떨어 졌다(Kangas & Palme, 1990: 90). 이러한 사실은 상층 화이트칼라의 상 당부분이 자신의 소득에 비례하는 것보다 낮은 보충연금급여를 받게 되었 기 때문이다.

따라서 사민당의 연금제도 개편원칙은 기존의 지출수준을 고수하는 것 이 아니라 기존 제도의 성격을 고수하는 것으로 나타났다고 볼 수 있다. 소득 대체율의 경우 이는 지출절감의 부담을 하층이 아닌 상층에 전가하 는 형태로 나타났다. 결론적으로 연금제도의 개혁으로 연금급여의 소득 대 체율은 하락했지만 이는 적극적인 제도개혁을 통해서가 아니라 기존 제도 를 유지하는 소극적 방법을 통해 이루어졌으며, 그 부담은 상층 화이트칼 라에 떠넘겨졌던 것이다. 더구나 그 와중에서도 전체 인구를 대상으로 한 스웨덴 연금의 소득 대체율은 여전히 세계 최고의 수준을 유지했다.

1990년대에 진행된 연금제도에 대한 개혁은 고령인구의 증가에 따른 재 정적 부담을 국가보조연금제도의 개혁을 통해 해결해보려는 노력으로 집 약된다. 보조연금제도의 재정부담을 완화시키기 위해서 정부와 정당 간의 합의를 도출시키려는 노력이 전개되었는데, 40년의 기여기간을 준수하여야 만 완전연금을 지급하도록 하고, '상위소득년도'에 대한 규정을 철폐하여 급여를 근로기간 동안의 평균소득에 의거하도록 하는 방식 등이 그것이다.

3) 평가와 전망

이상에서 우리는 스웨덴 연금제도의 발전과정을 노동계급의 권력자원의 확대 및 강화 과정과 관련시켜서 살펴보았으며, 연금제도가 변화하는 지점 마다 노동계급과 그 정당의 유연한 대응과정을 대비시켜 보았다.

스웨덴 연금제도의 발전과정은 한마디로 높은 수준의 기회적 거전성과 재분배성을 확보해나가는 과정이었으며, 이러한 발전의 전 과정에 대해서 노동계급의 주도권이 중요한 역할을 했음을 살펴볼 수 있었다. 따라서 스웨덴의 연금제도는 분배적 보장형과 노동계급 주도의 계급지형이라는 유형모델과 발전모델의 결합을 효과적으로 반영하는 역사적 발전과정과 내용적 성취도를 보여준다고 볼 수 있다.

그러나 스웨덴의 복지체제와 연금제도의 미래는 불확실성 속에 있다고 볼 수 있다. 스웨덴 경제의 지속적인 저성장과 연금급여 대상 및 급여비의 증대는 스웨덴 연금제도의 개혁을 지속적으로 요구하고 있으며, 90년대에 들어서 교대로 정권을 잡았던 보수당과 사민당은 뚜렷한 방향타 없이 제도의 개선이라는 요구에 떠밀리게 되었다. 1995년에 여야 합의에 의해서 개정된 연금개혁안[71] 도 2001년까지 그 시행일시가 연기되는 등의 갈등을 겪고 있다. 에스핑-안데르센의 지적처럼 '스웨덴 모델의 생명력은 현재의 분열을 극복해 나아갈 수 있는 또 다른 합의 지향적 하부구조의 건설에 달려있다'고 볼 수 있을 것이다.(Esping-Andersen, 1996: 15)

2. 단순보장형 – 국가주의

1) 일본의 사회보장과 연금제도

① 일본 사회보장제도의 역사와 제도적 특징

일본은 경제적으로 보았을 때에는 세계에서 두 번째로 부유한 나라이지만, 국민총생산대비 사회보장비 지출 규모에 있어서는 OECD 국가 중에서 최하위에 속하는 소위 '복지후진국'으로 분류된다. 아래의 〈표 4-13〉에서

---

71) 2중구조의 연금제도를 단일 구조의 소득비례 노령연금제도로 재편하는 내용이 주된 골자를 차지한다. 이에 따라, 현행 기본연금제도는 폐지하고 대신에 최저보장연금을 실시한다. 개편된 제도는 급여 산정과 재원조달방식에서 연금제도의 재정적자를 완화시키는 것을 주요 목적으로 하고 있다. (井上誠一, 1996)

나타나듯이 1986년 GDP 대비사회보장비 지출을 살펴보면, 일본은 중간정
도의 복지국가로 평가받고 있는 독일이나 영국의 1/2 수준에 불과하며, 복
지 선진국으로 불리우는 스웨덴(40.7%)의 1/3 정도에 그치고 있다.

<표 4-13> 4개국의 GDP 대비 사회보장지출 비율

	1959-60	1969-70	1979-80	1982-83	1986
일 본	6.0	7.6	13.7	15.1	14.6
독 일	16.3	17.8	24.2	24.3	29.1
영 국	11.0	13.9	18.2	21.2	25.5
미 국	7.5	11.2	14.2	15.7	16.2

* 자료: 이혜경(1993: 56), Anderson(1993: 19)에서 재구성

이처럼 수량적 지표로 평가해 보았을 때 일본은 미국과 더불어 복지 후
진국, 잔여적 복지국가 등으로 평가된다. 특히 이 두 나라의 복지 현황은 경
제가 성장한다고 해서 사회보장비 지출규모도 반드시 비례저으로 성장하지
는 않는다는 사실을 경험적으로 확증시킴으로써, 경제성장과 복지국가 발달
의 강한 상관관계를 검증하려는 산업화론자 들을 궁지로 몰아넣곤 한다.[72]
　일본 사회보장제도의 내용적 특징에 대해서 살펴보면 다음과 같다. 먼저
사회적 적절성을 나타내주는 보장의 범위가 매우 광범위하다. 또한 보편성
의 지표인 적용대상자도 높게 나타나고 있는 반면에, 제도의 체계는 복잡
하며 각 제도 간에는 격차가 존재한다.[73] 그리고 소득의 적정성을 나타내

---

72) 일본의 사회보장제도에 대한 유럽중심의 시각을 비판하고, 새로운 복지국
　　가의 유형으로 파악하려한 Goodman 등의 시도에 의하면 '일본형 복지국
　　가체제(Japanes-style social welfare system)'는 독특한 사회보험제도와 복
　　지영역이자 전달체계로서의 가족에 대한 강한 의존을 그 특징으로 하고
　　있다. 또한 일본형 복지국가체제는 일본뿐 아니라 한국과 만을 포괄하는
　　지역국가군의 특성도 포함하고 있다.(Goodman and Peng, 1996: 193)
73) 일본 사회보장제도의 체계를 개략적으로 살펴본 글로는 송정부(1992), 『최
　　근 외국의 사회보장』, (한국보건사회연구원) 참조.

주는 대체율은 높게 나타나고 있어서 전반적으로 사회적 적절성은 일정한 수준에 도달해 있다고 여겨진다. 반면에 재분배성을 구성하는 요소들은 매우 취약한 성취도를 보여준다.

종합적인 측면에서 일본의 사회보장제도는 국민들에게 최소한의 안전망은 보편적으로 제공하지만, 계층 간 평등을 지향하는 국가의 적극적인 역할은 미비한 상태를 나타내는데, 이러한 복지체계는 종교적·국가적 집단주의의 전형적인 구조라고 볼 수 있다. 이러한 제도적 특징은 일본 복지국가의 형성과정을 근대국가의 형성과정과 결부시켜 고찰하면 더욱 뚜렷하게 나타난다.

일본은 후발형 발전과정에서 정부주도하에 급속하게 근대화를 추진하였듯이, 사회복지의 형성 및 발전에도 국가주의적 전통이 일관된 역할을 해왔다. 국가주의적 복지제도가 형성된 배경에는 일정한 득표에는 성공했으나 정치구조의 중심부로 진출하지 못한 사회당의 정치적 영향력 부재와, 기업노조주의적 사고의 만연으로 인한 노동계급의 사회적 영향력 부족(Anderson, 1993)을 한편으로 하면서, 국가주도의 경제성장으로 인해 자본가 진영의 정치적 영향력도 미비한 상태, 즉 계급주도의 정치적 지형이 형성되지 못한 상태가 존재한다. 복지발전을 둘러싼 주도권의 공백 상태는 관주도형의 복지체제를 낳았으며, 사회복지의 발전을 위한 제도들이 국가의 필요에 의거해 선택적으로 도입되는 경향을 보여주게 된다. 이러한 경로를 통해서 도입된 제도들은 이후에 실질적인 사회 보장의 내용을 담보해 나아가는 변동기를 겪으면서 전국적 체계를 형성해 나가지만, 복지 급여수준 및 대상범위에서 여전히 제도 간의 편차와 지위에 기초한 차별이 존재한다.[74]

---

74) 사카요리(坂寄)는 일본 사회보장제도의 후진성을 1952년도에 체결된 ILO의 조약―사회보장의 최소기준에 관한 조약―에 의거하여 살펴보고 있는데, 그의 주장에 의하면 일본은 이 조약이 체결되고 나서 23년이 지난 1976년에서야 이 권고안을 수용하는 시간적 후진성 외에도, ILO조약의 기준이 되는 9개 부문의 보험제도―질병, 상해, 실업, 노령, 업무상 재해, 가

일본 복지제도의 특징은 역사적 발전단계를 통해서 보다 구체적으로 살펴볼 수 있다. 도입기에 해당하는 전전(戰前)의 시기에 대해서 살펴보면, 노동계급의 대규모 봉기와 파업에 직면한 국가가 기업가들의 노무관리 수단에 불과했던 사회보험장치들을 적극적으로 수용하여, 전시체제의 확립을 위한 수단으로 사용하게 된다. 따라서 이 시기의 사회보험제도는 노동자 보호정책에 머물지 않고 건병건민(建兵建民), 국가충동원이라는 국가적 요구를 위해서 적극적으로 활용되게 된다. 특히 미국과의 개전을 앞두고 제정된 1942년도의 노동자연금보험은 첫째 전시 노동력의 확보와 배양, 둘째는 전시 국민생활과 사상의 안정, 그리고 셋째는 전시재정경제정책의 원활한 수행이라는 3대 전시국가 목표를 겨냥한 것이었다.(이혜경, 1992)

전후 진행된 복지국가의 확장은 주로 사회보험제도의 적용범위 확장과 급여수준 향상에 집중되었다. 일본은 1961년 국민개보험화와 개연금화의 목표를 달성하였으며, 1973년 참의원 선거에서 자민당의 패배에 대한 반동으로 급격한 복지확충-복지원년-에 들어가게 되는데, 의료보험과 연금보험이 전 국민에게 적용되고, 산재, 고용보험 그리고 아동수당과 각종 사회수당제도들이 도입된다. 그러나 이러한 제도적 확충에도 불구하고 실제적인 급여수준에 있어서 제도 간의 격차를 인정해 왔으며, 직종별 분립체계의 원칙이 고수되었다. 또한 이러한 전후의 복지발전은 항상 경제의 성장과 산업발전이라는 목표에 비해서 부차적인 차원에서 진행되었으며, 이런 의미에서 일본 정부의 복지에 대한 방향성은 메이지 시대 이후에 중대한 변화를 겪지 않은 채 진행되어 온 것으로 볼 수 있다(Goodman and Peng, 1996: 201).

이러한 발전과정을 통해서 주목해야 할 사실은 일본의 복지확장이 국가 주도하에 진행되었다는 점과, 복지제도의 도입과 전개에 관료의 역할이 커

족, 모성, 폐질, 유족-중에서 4개 항-상해, 실업, 노령, 업무상 재해-에만 해당되는 사회보험제도를 유지하는 내용적 후진성을 보여주고 있다.(坂寄俊雄, 1996: 60-61)

154

다란 비중을 차지하고 있다는 사실이다. 이는 노동계급과 자본가계급의 힘의 대립 속에서, 관료에 의해 주도되는 일본 정치의 특유한 정책결정기제에 영향을 입은 바 크며, 궁극적으로는 노사간의 힘의 대립적 균형상태를 바탕으로 국가의 주도성을 도출해 내는 결과를 가져왔다고 볼 수 있다.

② 일본의 연금제도의 특징

1875년 메이지 시대에 군인과 관료를 대상으로 한 은급제도로 시작한 일본의 연금제도는[75] 국민연금과 후생연금의 이중구조를 이루고 있다. 소득비례연금인 후생연금은 공공부문과 민간부문에 고용된 자들을 대상으로 하고 있으며, 국민연금은 여기에 덧붙여 자영업자, 농민, 무직자, 학생 등을 대상으로 하고 있다. 급여의 구성은 피고용자의 경우에는 정액 부분의 국민연금과 소득비례 부분인 후생연금을 동시에 받지만, 비피용자와 피고용자의 처는 정액 부분의 국민연금만을 수급하게 되어있다. 이러한 일본의 연금제도를 아래와 같이 〈표 4-14〉로 정리할 수 있다.

〈표 4-14〉 일본 연금제도의 구조 - 급여체계와 수혜대상

급여체계 \ 대상		비피용자	민간피용자	공공부문피용자
급여체계		자영업자, 농민, 무직자, 학생	민간부문에 고용된 자	국가 공무원 지방 공무원
급여체계	국민연금급여 (정액 부분)	노령기초연금		
	후생연금급여 (소득비례 부분)		노령후생 연금	퇴직공제 연금

---

75) 1875년에 해군은급령, 1876년에 육군은급령, 1884년에 관리은급령이 시행되었으며, 이것을 통합해서 1923년에 은급법이 구성된다.(日本全國社會福祉協議會 編, 1992: 339)

㉠ 일본 연금제도의 사회적 적절성

일본 연금제도의 성취도를 알아보기 위해서 먼저 사회적 적절성의 수준을 확인해 보자. 가장 기본적인 지수인 대상의 보편성에서 일본은 1986년 전 국민 공통의 국민연금제도를 도입하여 전 국민에 대해 강제적으로 가입하게 하였다. 이러한 조치는 일본 연금제도의 보편성을 획기적으로 상승시킨 결과를 가져왔으며, 전 국민을 대상으로 최저한의 생계비를 지급해서 최소한의 안전망을 제공하려는 정부의 의도가 성공적으로 정착했음을 보여준다. 20세 이상, 60세 미만의 모든 국민은 국민연금제도의 의무적인 가입대상이 되며, 가입대상자는 1, 2, 3호 가입자로 분류된다.[76]

연금제도에 있어서 급여수준의 안정성을 보여주는 슬라이드제도는 소득보장에 있어서 급여수준의 적정성 여부와 마찬가지로 중요한 요소이다. 연금의 실질구매력을 보전하기 위해 도입된 슬라이드 장치는 매년 전년도의 소비자 물가지수 상승률에 따라 자동적으로 완전 슬라이드된다. 특히 보수비례의 급여부문은 평균임금의 상승에 맞춰서 정책적으로 개정되어 옴으로써 장기적으로는 임금 슬라이드의 형태를 취하고 있다. 후생연금의 물가 및 임금과의 연계 및 변화과정을 측정한 후생성의 보고서는 일본연금의 슬라이드제도가 적절한 효과를 발휘했음을 보여준다.

〈표 4-15〉 소비자 물가 상승률 및 임금상승률과 연금급여의 연동

연 도	소비자 물가 상승률	임금상승률	후생연금의 상승률
1970	7.6	15.5	21.2
1975	11.9	18.1	14.8
1980	8.0	5.7	7.2
1985	2.1	3.2	4.2

* 자료: 厚生省年金局, 『保險と年金の動向』, 1995

---

76) 2호 가입자는 민간 및 공공 부문에 고용된 피용자이고, 3호 가입자는 2호 가입자의 피부양자이다. 이들을 제외한 모든 대상은 1호 가입자가 된다.

156

후생연금 급여의 상승률과 임금 및 소비자 물가 상승률을 비교해 보여주는 〈표 4-15〉에 따르면, 후생연금 급여의 상승률이 슬라이드제도가 도입된 이후인 1970년대 이후에는 소비자 물가 상승률과 임금상승률의 중간에 위치하게 됨을 알 수 있다. 이는 후생연금의 급여가 사회적 변동에 어느 정도 연동되고 있음을 보여주는 수치라 할 수 있다.

세 번째 지수는 급여의 소득 대체율이다. 노동자에게 노령에 의한 강제퇴직을 긍정적으로 수용하도록 유도한다는 의미에서, 연금급여의 소득보장 정도는 높은 관심의 대상이 된다.

앞에서 지적했듯이 일본의 경우 연금급여의 체제는 2중구조를 이루고 있다. 정액연금으로 구성되는 국민연금은 1994년 현재 1인당 월 6만 5천엔으로 책정되어 있다. 여기에 추가적으로 보수비례 부분을 수급하게 되는데, 보수비례급여를 산정하는 데 필요한 요소는 다음과 같이 구성된다.

<u>보수비례급여액 = 급여승률×평균표준보수월액×가입연수×슬라이드율</u>

급여승률과 가입연수는 가입자의 소득보장을 기여한 연도 수에 의거해 정산키 위한 제도로서, 40년의 가입기간 동안 보험료를 납부하였다면, 이 기간이 0.75%의 승률과 맞물려서 가입기간 소득 중 30%의 급여를 보장받게 된다. 평균보수월액은 가입자의 월소득을 분류한 것으로, 1994년 현재 30개의 등급과 평균임금월액 336,600엔을 나타내고 있다.

이러한 산정방식에 의거하여 1994년 현재 피용자의 표준적인 노령연금액을 살펴보면, 40년을 가입한 평균 표준 보수월액 336,600엔의 남자의 경우에 230,983엔을 수령하게 되어 약 68%에 해당하는 대체율을 보여주게 된다.[77] 이러한 고찰을 통해서 일본 연금제도의 급여수준이 소

---

[77] 급여가 산정되는 과정은 다음과 같다. 먼저 정액 부분인 노령기초연금이 65,000엔이고 여기에 처 명의의 기초연금까지 합치면 13만 엔이 된다. 여기에다가 보수비례 부분으로서 100,983엔(0.75년×336,600엔×40년＝100,983엔)을

득 대체율의 측면에서 기본적인 소득의 적정성을 보여주고 있음을 알 수 있다.

ⓒ 일본 연금제도의 재분배 효과

일본 연금제도의 재분배성을 측정하는 일차적인 지표로서 기여의 구성 방식을 살펴보자. 일본은 후생연금의 경우에 3자 부담방식을 취하고 있으며, 기초연금은 정액제(1995년 현재 11,700엔)의 납부방식을 택하고 있다. 고용주와 피고용인이 동률(6.2%)의 기여급을 납부하도록 되어있는 일본의 재원조달방식은 재분배의 이상과는 거리가 있는 것이라고 할 수 있다.

정부의 보조도 다른 국가에 비해서 낮은 편에 속한다. 정부는 기초연금 급여의 1/3을 보조하며, 후생연금의 경우에는 보험료를 주된 재원으로 하기 때문에 국가보조는 부분적으로만 실시되고 있다. 일본 정부의 사회보장비 지출률은 여타 국가에 비해 낮은 편에 속하기 때문에, 연금에 대한 재정적 보조도 충분한 수준을 기대할 수는 없으며, 이러한 이유로 일본 연금제도의 재분배 효과는 낮다고 볼 수 있다.

마지막으로 급여의 구성에서 일본은 다소 높은 성취도를 보여주고 있는데, 이는 하층의 급여에서 정액 부분이 차지하는 비율이 높은 데 따르는 것으로 여겨진다. 특히 1986년의 연금개혁으로 여성이 독자적인 연금권을 확보했으며, 정액 부분은 지속적으로 인상시키는 반면 급여승률은 하향조정시킴으로 해서 전체 연금수령액 중에서 소득비례 부분이 차지하는 비중을 감소시키려 노력했다. 이러한 노력은 노령의 소득이 하향평준화되는 경향을 보여주게 되고, 빈곤층의 소득은 정액 부분의 확대에 의해서 상대적으로 증가되는 결과를 가져오게 된다.

추가하면 합계 230,983엔을 수령하게 된다.(김용하 외, 1995: 73-74).

2) 일본 연금제도의 발전과정

1943년에 노동자연금제도를 통해서 출발한 일본 연금제도는 2차대전을 거치면서 발전하기 시작하여, 전후인 1954년의 전면개정에 의해 어느 정도 사회보장제도로서의 골격을 갖추게 된다. 일본 연금제도의 발전에 영향을 끼친 요소들에 대해 살펴보면 국가주도의 정책 형성 및 개편이 지배적인 영향력을 행사하는 역사적 과정을 살펴볼 수 있는데, 특히 노동계급과 자본가계급 그리고 정당 간의 대립 속에서 정부기관인 후생성(厚生省)과 사회보장제도심의위원회(社會保障制度審議委員會)가 주도적인 역할을 했다고 여겨진다. 특히 1943년의 노동자연금제도가 전시에 군비확보의 수단이자 노동력동원을 위한 수단으로 도입되었던 것에서도 알 수 있듯이, 초기 일본 연금제도는 국가가 주도하는 산업화와 전쟁을 위한 보조적 수단에 불과했으며, 이러한 전통은 전후에 연금제도의 확장에도 중요한 영향을 끼쳐, 국가주의적인 일본 연금제도의 특징을 잘 보여주게 된다.

연금제도의 형성 및 발전과정을 살펴보면 1954년, 1965년, 1973년, 1985년의 개정이 중요한 분수령을 이루고 있다고 볼 수 있다. 여기서는 이러한 발전과정을 도입기, 정착 및 발전기 그리고 조정 및 후퇴기로 나누어 살펴보고자 한다.[78]

① 도입기

㉠ 연금제도의 도입과 국가주의적 경향

일본의 국가주도형 복지정책은 연금제도의 도입을 둘러싼 과정에서 잘 나타나고 있다. 일본 정부는 민간기업의 노동자를 대상으로 한 연금제도를 1940년대 초에 이르기까지 기업의 노무관리 차원에 맡긴 채 공적인 보장의 체계를 도입하지 않은 상태에서, 국가관리나 군인 등 이른바 특수직에

---

78) 일본의 공적 연금제도를 제외한 사적인 기업연금제도의 변화에 관한 논의는 박경숙(1993)을 참조. 이 글에서는 공적인 연금제도만을 대상으로 한다.

속하는 공무원에 대한 공적 연금제도는 1929년에 수립하여 이후 지속적으로 확충시켜가고 있었다. 이처럼 사적 부문에 종사하는 노동자들을 배제시킨 채, 공무원만을 대상으로 하는 연금제도를 운영한 것은 전체 국민에 대한 분리통치의 수단으로서 노령복지가 이용되고 있음을 의미한다.

먼저 공무원과 관료, 그리고 군인 등에 대해서는 '국가기구에 종사한다'는 위치에 따라 일종의 복지특혜를 제공하는 제도적 수단을 연금제도의 내부에 도입함으로써, 다시 말해서 국가가 특정의 계층 - 여기서는 공무원 -에게 제도적 특혜를 제공함으로써 그들의 충성심을 확보하고, 시혜자인 국가의 영향력을 강화하려는 의도를 갖는다. 반면에 민간부문에 종사하는 노동자들에 대해서는 그들의 노후보장을 시장 원리에 의거한 자율적 방임에 맡겨 놓음으로써 노동계급에 대한 차별적 대우를 공공연하게 시행하였다. 일본은 이러한 이중적 체계를 유지함으로써 국가주도의 연금체제의 전통을 뿌리내렸다.

그러나 연금제도의 이중적 체계는 전시체제에 돌입하게 되면서 일정한 변화를 겪게 된다. 제국주의전쟁에 필요한 군수(軍需)를 동원하기 위해서 국가는 노동자들의 노동력 및 충성심 즉 전쟁전력확보를 목표로 국민건강보험제도, 직원건강보험제도 및 선원보험제도, 노동자연금보험제도 등의 소위 전시입법들을 제정하게 된다.(김수영, 1992: 71)

이처럼 국가의 필요에 의해 선택적으로 구성되는 복지체제의 최초의 민간인 대상 사회보험인 선원보험에서도 잘 나타나고 있다. 일본 정부는 전시에 '전력증강의 중핵'으로 기능하게 될 해운업의 중요성을 간파하고 이 제도의 수립에 앞장서게 된다. 또한 광공업의 중요성에 입각하여 40만 산업전사의 노후를 위해 국가의 시혜를 제공할 목적으로 10인 이상의 민간공장, 광산 등에서 근무하는 노동자를 대상으로 하는 '노동자연금보험법'이 제정되었던 것이다.

이처럼 전쟁이라는 국가적 목표를 효율적으로 수행하기 위해 국민적 총화를 모으는 방식의 일환으로 취해진 민간연금보험은, 그 실행목표가 노동자의 노후보장에 초점이 맞추어져 있지 않았으며, 복지 외적인 목표를 가지고 있었다. 먼저 이 제도의 시행을 통해 전시 인플레의 억제가 가능했으며, 급여가 없는 상태에서 적립되는 보험료는 전시자금조달을 위해 유용하게 쓰일 수 있었다. 따라서 아이러니칼하게도 제도의 수립에 담당부처인 후생성보다 군부나 대장성이 더 적극적인 열의를 보여 기업인의 반대를 무릅쓰고 제도 도입에 앞장서게 된다.(김수영, 1992: 73) 결국 이 법안은 1941년 2월에 의회에 상정되어 2월 24일 무수정으로 양원을 통과하여 1941년 3월 11일 법률 제60호로 공포된다. 이렇게 도입된 일본 연금제도는 1944년 노동자연금보험법이 후생연금제도로 바뀌고, 47년의 패전후유증으로 인한 중단 등을 거치면서 1954년의 전면개정을 맞게 된다.

ⓛ 전면개정기

패전 후 등장한 맥아더 점령군 사령부의 열도 개혁은 전 일본의 민주적 재편이라는 목표를 가지고 진행되었으며, 사회보장 분야에서도 사회부조를 비롯한 모든 제도들이 황국신민으로서가 아니라 민주시민으로서의 권리개념에 기초하여 새롭게 정비되기 시작했다.

일본이 전후에 택한 복지개혁의 방향은 전전에 구성된 기본 골격을 유지하면서 적용대상의 전 국민화, 행정의 합리화를 도모하는 것이었다. 현행의 연금제도의 기본골격이 갖추어진 것도 이때라고 할 수 있다. 1954년 전전의 후생연금보험법을 전면개정한 신후생연금보험법이 통과되는데, 개정을 둘러싼 노동계급과 자본가계급의 움직임이 나타나기 시작한다. 노동계급은 아직까지는 사회복지에 대한 전반적인 인식의 지평을 확장시키지 못한 상태에다가 조직적 활동이나 정치적 영향력이 부족하였기 때문에, 연금급여액의 인상을 요구하는 데 그치는 소극적인 수준의 활동을 보이게 된다. 반면에 자본가계급은 보험료 인상에 반대하면서 퇴직금과의 조정을 요구하는 등 자신의 입장을 일경련(日經聯)을 통해 강하게 관철시키려 했다. 한편 공익을 대표하는 공공집단으로 사보제심(社保制審)과 국가기관인 후생성은 전후의 개편작업을 주도하였다. 정부기관에 의해 주도된 조정과 통합작업을 통해서 1954년 연금제도의 개편이 이루어졌는데, 개정의 가장 큰 특징은 연금산정 방식을 정액제와 보수비례제의 두 가지를 합한 이중 체계방식을 채택했다는 것이었다.

그러나 개정된 제도하에서 연금급여의 수준이 문제가 되기 시작했다. 정액제의 급여액은 생활보장비 이하였으며, 인플레와 요시다(吉田) 정부의 사회보장관계비의 대폭적 삭감 등에 의해 연금액의 실제 수준이 그다지 높지 않게 되었다. 연금법 개정이 이처럼 실질적인 노후의 보장에 이를 수 없게 된데다가, 정부가 일방적인 주도로 일관했고 지원도 소극적인 수준에 그치자, 여러 노동단체들이 반발하기 시작했다(김수영, 1991). 그 후유증으로 후생성장관이 사표를 내고, 정부의 소극적 예산안은 철회되는 등, 사회적 이슈로서 복지문제가 본격적으로 등장하게 된다.[79]

게다가 낮은 소득보장 정도에 불만을 품은 특정 직업집단들이 후생연금보험에서 이탈하여 공제조합을 만들려는 움직임이 일어나기 시작했다. 이러한 움직임은 1953년 사립학교교직원 공제조합법이 제정되고, 1958년 3월에는 농림어업단체직원을 대상으로 하는 농림어업단체직원 공제조합법이 제정되면서 구체화되었다.

이러한 과정을 통하여 일본의 관료들은 연금제도를 비롯한 일본의 사회보장이 서구의 제도적 성취에 비해 미비하다는 사실을 적극적으로 수용했으며, 1959년의 선거에서 기시(岸) 수상은 소규모 공장의 노동자와 농민 등을 포함하여 전 국민을 대상으로 하는 공적 연금제도의 도입을 약속하게 된다(Anderson, 1993: 63-63). 결국 일본은 1961년에 국민연금을 확립함으로써 국민개보험화와 개연금화의 목표를 달성하게 된다.

일본의 공적 연금체계는 전 국민을 대상으로 하는 보편화에는 성공했으나, 행정적으로는 분립체제를 그대로 둠으로써 실제적인 급여수준에 있어

---

79) 社會保障運動史編纂委員會　編(1982),　『社會保障運動全史』,　勞動旬報社 p.96-98.

서는 제도 간의 격차를 인정하는 조합주의적 방식을 고수하게 된다. 이러한 제도 간의 격차는 곧바로 사회계층별 격차가 사회보장체계에 그대로 반영되는 원인이 된다. 다시 말해서, 일본은 사회적 적절성과 계층 간 재분배보다는 차등보상과 경쟁을 우선하는 제도적 특성을 유지한 상태에서 현대적 의미의 연금제도를 출범시키게 된다.

② 정착 및 발전기

㉠ 급격한 경제성장과 연금제도의 조정

1960년대에 이르러 일본은 고도경제성장의 시기로 접어들게 된다. 이러한 경제성장과 급격하게 이루어진 산업화는 성장의 불균형과 소비자 물가의 급등, 그리고 산업공해와 같은 여러 가지 경제·사회적 모순을 태동시켰을 뿐 아니라, 국가를 국민들의 광범한 복지욕구에 직면하게 만들었다. 이러한 사회경제적 배경하에 집권한 이케다(池田) 내각은 고성장·고복지정책을 추진해 나가게 된다.[80]

한편 급격한 산업의 발전은 노동력 부족현상을 초래했으며, 기업 차원에서라도 노동력을 관리하고 통제해야 할 필요성이 급격히 제고되었다. 이러한 필요성에 대응하기 위해서 사적 복지의 차원에서 기업연금의 확산이 이루어지고 있었다.[81] 또한 연금제도 내부에서도 연금수준이 낮아서 실질적인 소득보장이 이루어지지 않고 있었으며, 이러한 상황은 연금제도 자체의 변화를 촉진하고 있었다.

---

80) 이케다 내각은 경제발전과 병행해서 모든 국민을 대상으로 하는 건강보험제도의 실시, 정신박약자 복지법, 신체장애자 고용촉진법, 아동부양수당법, 노인복지법 등의 사회보장제도를 정비함으로써 선진국형 경제, 사회구조로 나아가려 했다.(한상일, 1997: 130)

81) 박경숙(1993)은 일본의 기업연금의 발전에 대해 조직적 관점을 통한 비교설명을 보여준다. 기업연금의 발전에 대한 조직적 관점이란 '기업 측의 노동자를 관리하려는 의도'와 '노동 측의 소득보장에 대한 요구'를 사적퇴직급여제도를 발전시킨 양대 요소로 보는 것이다.

더구나 기업주들은 확산된 기업연금제도에 대해 지속적으로 세제혜택을 요구했으며 이를 허용하는 적격기업연금제도(適格企業年金制度)가 도입되자, 이 적격기업연금제도는 폭발적인 속도로 민간에게 보급되게 된 것이다. 이러한 기업연금제도의 확산은 기업주들로 하여금 다시 기업연금제도와 후생연금제도와의 조정을 요구하게 되었다[82].

이처럼 이 시기에 연금제도의 개혁에 가장 큰 영향력을 발휘한 것은 급격한 산업화를 통해 부와 영향력을 축적한 자본가계급이었다. 그들은 각 기업들이 운영하고 있던 기업연금과 후생연금 간의 보험료율의 조정 및 세제감면의 혜택을 요구하였다. 노동계급의 입장은 다소 소극적인 측면이 있었는데, 양 제도 간의 조정이 연금급여의 향상으로 이어지는 개혁의 방향을 지지하는 데 그쳤다. 결국 후생성은 양측의 입장을 통합하여 자본가 측의 요구를 수용하는 대신에 연금급여를 1만 엔 인상시키도록 하는 타협안을 제시하여 통과시키게 된다.

1965년 드디어 후생연금법을 개정하여 "노령연금 중의 보수비례 부분에 대해 기업연금으로 대행할 수 있다"는 규정을 두고 이를 실행하는 후생연금기금제도[83]를 설치하게 된다. 이러한 개정은 국가주도의 사회보험과 민간주도의 기업복지 간의 유기적인 관계 유형을 반영함과 동시에 기업 간, 업종 간, 계층 간의 차이를 수용한 측면이 있다고 볼 수 있다.

한편 연금수준과 관련된 개정에 대해 살펴보면, 정액 부분을 6만 엔으로 인상시키고, 급여승률도 6/1000에서 10/1000으로 상승시켜서 결국 표준보수수준이 월 1만 엔에 이르도록 조정하게 된다.

---

82) 이 과정에서 日經連은 '후생연금의 보수비례 부분과 동등 이상의 내등을 갖는 기업연금에 대해 후생연금의 일부를 적용 제외시킨다는 방안을 제시' 했으며, 이러한 조정의 대가로 급여수준을 ILO의 조정수준까지 인상한다는 방침을 제시했다.(김수영, 1992: 144)

83) 이 제도는 1966년 10월부터 실시되어 1992년 현재 총 기금수는 1,593개 가입자 수는 1,072만 명이며 제조업, 금융보험업, 임업, 운수통신업 등의 순서로 많은 가입자 수를 가지고 있다. 국민연금관리공단(1994), 『일본 공적 연금제도의 개요』, 46-49쪽.

ⓛ 확장기-복지원년

1973년의 개혁은 전후 일본 정치 최대의 풍운아로 불리는 다나까(田中) 수상의 등장과 더불어 시작되었다. 그는 이른바 열도개조(列島改造)라는 정치적 플랜의 일환으로서 과감한 정치사회적 개혁을 시도하였으며, 이에 따라 공공사업에 관련된 예산뿐 아니라 사회보장에 관련된 예산도 전년도에 비해 29%나 증가하게 되었다.(한상일, 1997: 234) 다나까는 또한 야당 및 노동계 그리고 재계의 연금제도 개선에 대한 요구를 적극 수렴하였다. 그는 '1973년은 연금의 해로'라는 슬로건을 내걸고 후생연금의 급여율을 평균표준보수의 60%로 한다는 방안을 확정함으로써 표준급여수준이 5만 엔에 이르게 된다.

고도성장의 절정기에 있었던 일본은 또한 급격한 물가 인상에 대처하기 위해서 슬라이드제의 도입에 관한 논의가 확산되게 된다. 개정의 결과는 여당이 주장했던 물가 슬라이드제가 도입되어 연평균 전국소비자 물가지수가 5%를 초과하여 변동될 경우에 연금을 그에 연동시키도록 하였다.[84] 이러한 슬라이드제의 도입에 따른 연금급여의 인상분이, 적립방식[85]인 당시의 재정방식에서는, 상당부분 미래세대의 부담으로 전화하기 때문에, 연금재정방식을 부과방식 쪽으로 개선하게 되어 소위 수정적립 방식을 채택하게 되었다.

이처럼 일본의 복지확장과 연금제도의 발전을 위한 분수령이 놓여진 것

---

84) 야당과 노동계는 임금상승률에 대한 연동방식을 주장했으나, 이러한 방식은 과도한 연금액의 증가를 가져온다는 비난에 의해 거부되었다.

85) 적립방식은 근로연령시기에 갹출한 보험료를 적립하여 본인이 적립했던 갹출금에 이자가 더해진 것을 노령기에 연금으로 분할 수급하는 형태의 연금재정방식을 말한다. 즉 적립방식은 본인의 노후준비를 본인의 근로시기에 스스로 준비하는 것을 기본개념으로 하고 있다(국민연금관리공단, 1994: 93). 이와는 대조적인 재정방식으로는 부과방식이 있다. 부과방식은 한 해에 갹출된 보험료를 적립하지 않고, 해당 연도의 지출에 전부 사용하는 방식이다. 이 방식은 현재의 노동자가 현재의 노년층을 부양하는 방식으로서 세대 간 급여의 이전 방식으로 볼 수 있다.

은 정부주도하의 개혁에 의거한 측면이 크다. 비록 노사공동보조에 의해서 제기된 복지공투(福祉公鬪) 결의 등에서 나타나듯이 노동계급과 자본가계급의 타협과 요구가 밑받침이 되었지만, 자민당의 개선안에서 총평(總評)의 요구액을 넘어서는 제안이 나오는 등 정부의 적극적인 역할이 돋보였다고 할 수 있다.

1973년도의 개정이 갖는 의미는 첫째, 급여액의 대폭적인 상승에 따라 소득보장의 적절성을 어느 정도 확보하는 데 성공했다는 것이다. 이처럼 소득의 적정성을 확보함으로써 정부는 연금제도에 대한 전 국민적 지지를 얻어낼 수 있게 되었다. 둘째 슬라이드제의 도입에 따라 소득보장의 안정성을 확보함으로써, 연금제도가 어느 정도 근대적 골격을 갖추게 되었다. 이처럼 개혁을 통하여 노후생활의 최저수준을 보편적으로 보장하며, 노후의 삶을 사회적 변동과 연계시키는 장치가 마련됨으로써 일본의 연금제도는 일정한 사회적 적절성을 성취하게 된다.

셋째 1973년 개혁은 일본의 사회보장을 둘러싼 국가주의적 전통이 완성되었다는 의미를 갖는다. 1973년의 연금개정을 둘러싼 정책결정 과정을 통해서 일본은 노사간의 복지를 둘러싼 타협적 분위기를 조성해 낼 수 있게 되었고, 이러한 타협의 바탕 위에서 정부와 집권 자민당의 주도권을 인정하는 국가주의적 복지풍토가 지배적인 정책결정 패러다임으로 자리잡게 된다. 이후의 연금제도를 둘러싼 개혁들을 살펴보면, 정부와 자민당이 제시하는 정책적 결정이 노사간의 합의에 의해서 수용되는 양상을 보이게 된다.

③ 재편기―80년대의 복지후퇴 혹은 조정기

1980년대의 제도개정은 복지원년을 채 넘기지 않고 일본경제를 급습한 오일쇼크의 여파와 그에 따르는 세계경제의 장기적 침체를 배경으로 하고 있으며, 나아가 80년대 들어서 전 세계적으로 진행된 복지에 대한 총공세와 그 맥을 같이한다고 볼 수 있다.

국가주의적 복지체제답게 일본은 재정위기를 극복하기 위한 개혁을 큰 저항 없이 단행하는 데 성공하는 모습을 보여준다. 중앙정부의 사회복지 및 사회보장 관련 지출비율을 살펴보면, 일본은 서구의 복지국가들이 정부 지출을 줄이는 데 겪었던 국민들의 강력한 저항과 이에 따른 갈등과정을 겪지 않은 채, 같은 기간 동안 그 비율을 실제로 줄이는 데 성공했다.

1981년 스즈끼(三木) 내각은 '증세 없는 재정 재건'을 기치로 내걸고 사회복지 축소, 군사비 확대, 전체적인 정부 지출 동결 등의 정책기조를 제안하였으며, 실질적인 정책으로는 지방보조금의 삭감, 보험료 인상에 의한 사회보장재정 충당, 국가기능의 축소, 개인과 기업의 책임을 강화시키는 조치들을 수행하게 된다.

이와 같은 복지개혁들은 심각한 국내외 경제상황을 타결하기 위해서 반복지적 정책의 일환으로 시도된 이른바 신보수주의의 추세를 반영하는 것이었다.[86] 일본 정부는 특히 '작은 규모의 효율적인 정부'를 모토로 내걸었으며, 이를 위해 국영기업, 특히 국철의 민영화(1987)를 대표적인 사례로 내걸게 되는데, 이는 경쟁논리에 입각한 시장기능의 운용을 통해 양질의 공공서비스를 제공하려 한다는 표면적인 의도와는 달리, 그 이면에는 국철의 민영화를 통해 일본 내의 좌파 지지 노동세력을 무력화시키려는 의도가 숨어있었다.

신보수주의의 시대에 일본 정부가 수행한 사회복지 개혁작업 중에서 가장 중요한 개혁은 연금개혁(1986년 4월)이다. 1980년대의 복지축소 분위기에 걸맞게 연금개혁도 정부가 주도하고 후생성이 앞장서는 모습을 보여준다. 후생성이 제시한 개혁안에 대해서 관련 집단들 사이에 공감대가 쉽게 형성되었으며, 노동조합조차 정부안을 수용하려는 생각을 갖고 있었

---

86) 영국의 대처리즘과 미국의 레이건노믹스로 대표되는 이런 흐름은 6-70년대의 복지성과들을 거부하고, 반노동주의적이며 친자본적인 정책들로 구성된다. 국가부문의 축소와 시장영역의 활성화, 그리고 이를 위한 노동운동의 무력화로 대변되는 영국의 신보수주의가 가져온 소득분배의 변화에 관한 연구는 김기덕(1996), 「영국의 소득분배 변화에 관한 연구」, 동향과 전망, 96년 가을호를 참조.

다.(김수영, 1991 : 90)

이 시기의 연금에 대한 논의의 초점은 주로 기초연금제도의 도입에 관한 것으로 모아졌다고 볼 수 있다. 기초연금제도의 도입으로 모든 국민에게 정액의 단일화된 연금을 보장하게 하여 분립체제의 단점을 보완하는 동시에, 국고 부담을 기초연금에게만 한정시키고 소득 비례의 신후생연금보험은 노사 2자 부담으로 바꾸어 노령연금보험에 대한 국가 부담을 감소시킨다는 목적을 가지고 있었다. 또한 기존의 일본의 공적 연금제도가 여덟 가지 형태로 나누어져 개별적으로 분립되어 있었고, 그 결과 각 제도 간에 연금지급개시연령, 연금수준, 재직노령연금의 취급 등에 격차가 생겨났으며, 각종 공제조합연금과 후생연금, 국민연금 사이의 격차가 크게 비판받고 있는 상황이었다. 따라서 기초연금제도의 도입은 국민 모두에게 최저한의 연금을 기본적으로 지급하면서, 이에 덧붙여 각 연금제도의 가입자들에게는 차등적으로 개별적인 부가연금을 지급하는 이중구조를 유지한다는 것이었다.

그러나 이러한 개혁은 보수비례 부분의 급여승률을 히향조정하어 전체적으로 급여수준의 하향평준화를 도모하고 있으며, 연금급여대상자수의 감소, 급여수준의 상승억제 등을 통하여 정부나 재계의 부담증가를 억제 내지는 삭감하는 것에 초점을 맞춘 것이었다. 보험료율 역시 대폭적인 상승을 보여주는데, 후생연금의 경우 2%대의 상승(10.6%에서 12.4%로)을, 국민연금의 경우에는 1270엔의 인상을, 기록하게 된다. 이러한 보험료율의 인상은 이후로도 지속적으로 이어져 부담은 증가하고 급여는 하향평준화되는 추세를 지속적으로 보여주게 된다.

이처럼 1985년의 개정을 통해 수익자 부담, 고복지·고부담, 자립·자조를 추구하는 복지축소 내지 후퇴가 이루어졌고, 그 결과 국민의 부담은 증가되었으며 급여는 저하되었다.

3) 소결 - 평가와 전망

이상에서 우리는 일본 연금제도의 발전과정을 국가주의적 관점에 의거하여 살펴보았다. 일본 연금제도의 발전과정은 노동계급과 자본가계급의 대립을 조정하고 통합한 정부의 주도에 의해 전개되었다. 이 과정에서 특별한 정치적 격변이나 사회적 충돌을 경험하지 않은 채 개정작업이 진행되어, 연금제도에는 국가주의적 특성이 강하게 나타나게 된다.

이러한 발전과정의 특징은 제도의 내용에도 반영되어 일본 연금제도를 비교적 높은 수준의 사회적 적절성과 중간정도의 재분배성으로 귀결시켜 일본을 단순보장형 국가로 귀속시키고 있다.

일본 연금제도의 향후 발전을 둘러싼 전망은 다소 복잡한 방향으로 흘러가고 있는 것으로 보인다. 1993년 이른바 '55년 체제'의 붕괴를 시작으로 정치체제의 재편이 급격하게 진행되고 있으며, 경제성장도 복지발전의 시기와 비교하여 부진한 모습을 보이고 있다. 노동계급의 영향력은 이전과 비교하여 그다지 향상된 모습을 보여주지 못하고 있으며 정부주도의 발전전략도 한계에 다다른 것으로 여겨진다.

이러한 변화가 사회복지의 변화에 어떤 영향을 미칠지 예측하는 것은 어려운 작업이 될 것이다. 다만 국가주도 발전전략의 한계와 더불어서 국가주의적 복지전략도 일정한 수정을 가하게 될 것으로 보인다.

3. 소극적 보장형 - 노동계급의 유약성과 시장주의

1) 미국의 사회보장과 연금제도

① 미국 사회보장의 제도적 특징

미국은 복지국가의 유형화에 대한 논의에서 항상 '복지후진국(welfare laggard)' 혹은 주변적 복지국가로서의 평가를 벗어나지 못하고 있다.(Kudrle and Marmor, 1981) 이러한 후진성의 근거로 제시된 것은 근대적 복지입법을 늦게 도입한 점, 자산조사의 원리를 적용한 제도의 운영, 그리고 부족한 사회보장급여 등이 지적되곤 한다(Myles, 1996: 116). 그리고 무엇보다도 자주 인용되는 것은 소득수준의 불평등이 국제적 수준에 비해 매우 높다는 점일 것이다.(Smeeding, 1991) 미국 복지국가 저발전의 원인에 대한 연구는 다양한 관점에 입각하여 진행되었는데, 계급적 관점에 의한 논의로부터, 이데올로기적 특성에 관한 연구, 국가형성론적 관점에서의 연구 등 다양한 이론적 스펙트럼을 보여준다.[87]

미국의 사회보장제도의 특성을 살펴보면 다음과 같은 측면을 지적할 수 있다.

첫째, 미국의 사회보장은 성립기에서부터 사회보험과 사회부조의 이중적 구조를 유지·병합시켜 발전해 왔다. 이러한 두 가지 제도운영방식은 미국 사회보장의 성립과 발전의 전시기를 통해서 서로를 보완해주고 견제해주는 대립물이자 보조물로서 기능해 왔다.[88] 이러한 이중주의는 미국의 복지국가를 '근대적 복지국가'로 평가하려는 시도 자체에 대한 회의를 불러오는 하나의 원인이 되어 왔다. 또한 미국에서 사회복지의 변화와 개혁을 둘러싼 노력은 이러한 이중적 구조의 틀 속에 제한된 채 진행된다. 즉 여타의 복지국가들이 적절성에서 재분배성으로, 안전에서 평등으로 논의를 확장해 나가는 반면에, 미국의 경우에는 개별적 형평성과 사회적 적절성 사이에서 지루한 논쟁을 계속해 왔다. 이는 80년대 들어서 연금제도를 둘러싸고 보수진영의 공세가 세대 간 형평성에 집중되는 것에서도 잘 나타나고 있다.

둘째, 미국의 사회보장은 시장지배의 성격이 강하다. 보다 구체적으로

---

87) 미국의 사회보장제도에 대한 부정적 평가를 총괄적으로 비판하고 이에 대한 반론을 역사적 제도주의의 관점에서 서술하려 한 글로서 Weir, Margaret, Ann Shola Orloff, and Theda Skocpol(1988)의 논문이 있다.

88) 미국에서 사회부조가 전개되는 구체적인 방식과 구조에 대한 논의는 Myles (1996: 121-122) 참조.

살펴보면, 미국 사회보장의 중추를 이루는 노령보장과 의료보장은 전 국민을 대상으로 한 국가적 차원에서의 복지제공을 목표로 운영되기보다는 시장의 실패를 보완하는 보충적 성격이 강하다. 이러한 특성은 미국 사회보장의 위상을 시장의 보조물로서 자리매김 하게 하고 있으며, 미국의 연금제도가 국가에 의한 안전망의 제공이라는 복지국가의 개념에서 상당부분 후퇴하고 있음을 보여준다. 또한 여타 사회보장제도들에서도 제도의 시장종속성이 더욱 강하게 나타나고 있다.

1940년대에서 1970년대에 이르는 시기에 미국인들은 복지와 보장의 주요한 근원으로서 시장에 의존하고 있었다. 물론 이러한 시장의존성의 배후에는 유례없는 전후의 경제성장이 자리잡고 있다. 마일즈는 시장의 성공을 세 가지 방식으로 요약한다. 먼저 급격한 생산성 향상으로부터 나온 생활수준의 실질적이고 꾸준한 상승과 노동시장의 평등성을 바탕으로 하여 시장이 소득보장의 원천이 되었다는 것이다(Myles, 1996: 119-120). 결국 미국은 '복지'의 일차적 원천을 시장으로 파악하고 있었으며, 국가가 주도하는 사회보장은 시장의 실패를 보충하는 잔여적 성격을 내포하게 된다.

셋째, 미국 사회보장제도의 취약성을 나타내 주는 또 다른 지표는 사회복지의 발전을 지지하는 세력의 분열 및 교체이다. 노동계급의 강력한 조직과 정치적 영향력이 결여되어 있는 미국의 현실에서, 사회보장제도의 발전은 이익집단의 개별적 이해의 교직(交織)을 통해서 이루어지는 경우가 많은데, 1970-80년대의 노령보장의 확대에 결정적으로 기여한 노령조직의 영향력이 그 본보기가 된다고 하겠다. 이처럼 일괄된 조직적 역량의 부족 및 동요는 복지제도에 대한 반복지세력의 반격에 허약한 모습을 보이는 결과를 노출시켰으며, 궁극적으로는 복지의 미발달을 가져왔다고 보여진다.

이러한 복지특성의 구성과정은 결국 노동계급의 영향력이 상대적으로 부족한 데에 일차적인 원인이 있다고 하겠다. 복지제도의 성립과 발전을 추동해 나갈 중심세력인 노동계급의 역량부재 혹은 미발달은 궁극적으로는 미국을 시장원리에 의해 주도되는 잔여적 복지국가로 전락시켰다. 미국 정부는 가장 극단적인 상황에만 개입하는 응급수단이며, 비상사태가 끝나면 바로 그 이전의 위치로 돌아가는 소극적 역할에 머물러 있다(Higgins, 1981).

미국 사회보장제도의 양적 측면과 내용적 특징을 살펴보면 이러한 사실은 더욱 설득력을 얻을 수 있을 것이다. GDP 대비 사회보장지출을 정리해놓은 ILO의 자료를 재구성한 아래 표에 의하면 미국은 유럽의 국가들에 비해서 절반에도 못 미치다가 1980년대 들어서야 겨우 절반을 넘어서는 모습을 보여주고 있다.

〈표 4-16〉 미국과 EC 국가의 사회보장비/GDP(%) 비교

	1965	1975	1980	1990
미 국	6.4	12.3	14.1	14.58
EC	14.4	22.6	21.6	21.7

* 자료: ILO, (1988), OECD(1994)에서 재구성

미국의 사회보장을 위한 지출의 내역을 살펴보면 이러한 특징은 더욱 분명하게 나타나고 있다. 사회부조와 사회보장 그리고 사적 보장의 비율을 한꺼번에 정리한 〈표 4-17〉은 미국 사회보장의 이중구조와 시장지배적 성격을 집약적으로 보여주고 있다.

〈표 4-17〉 자산조사, 사적 복지, 사회보장 지출(%)

		미 국	OECD 18개국
자산조사 급여의 비율(사회보장지출 대비)		18	6
사보험	전체 연금 중 사적 연금의 비율	21	13
	전체 의료보호 중 사적의료지출의 비율	57	22
GDP 대비 사회 보장지출의 비율	OECD(1986)	18	25
	ILO(1985)	12	19

* 출처: Myles(1996, 122)

위 표는 두 가지 점에서 미국 사회보장의 특징을 보여주고 있다. 먼저 미국은 전통적 통제국가의 전형적인 사회보장 운영방식인 사회부조에 의거한 급여의 비율이 전체 사회보장지출에 대해서 차지하는 비율이 OECD 18개국의 평균치에 비해서 3배나 높게 나타나고 있다. 이러한 사실은 미국 사회보장제도의 이중구조를 잘 보여주는 예가 될 수 있다. 또한 사적 영역인 사보험에 의존하는 노령보호와 의료보호의 비율이 비교대상이 되는 국가의 두 배를 넘어서고 있는데, 이는 미국 사회보장의 시장보충적 성격을 잘 보여주는 근거이며, 미국의 사회보장이 시장의 논리에 의해 작동되고 있음을 시사하고 있다.

미국 사회보장제도의 내용적 특징을 살펴보면, 먼저 사회적 적절성을 표현해주는 지수들인 보편성과 포괄성에서 낮은 평가를 면하기 어렵다. 미국의 사회보장은 사회보험과 공적 부조의 이중구조를 주요한 축으로 삼고 있기 때문에, 전통적 통제국가의 제도적 특징인 사회부조의 역할이 일정 정도 강조되고 있다. 이는 사회보험의 도입 및 운영에서 나타나는 부족한 측면을 사회부조를 통해서 보충하려는 의도로 볼 수 있는데, 공적 부조의 존재와 그 영향력 자체가 사회보험의 부실한 제도적 운영을 보여주는 반증이라고 할 수 있다. 이를 좀 더 구체적으로 살펴보면, 소득보장제도들의 부실한 운영을 대체하기 위해서 보충보장소득(SSI)제도를 도입하고 있으며, 의료보험(Medicare)의 부실한 내용을 보충하기 위해서 의료부조(Medicaid)를 도입하고 있다. 이러한 사회보장체계 속에서 근대적 복지국가들이 대부분 선택하고 있는 사회보험 - 전 국민을 대상으로 한 강제적 가입을 전제로 하며, 기여를 통한 시민적 권리에 입각하여, 국가의 책임하에 운영되는 - 분야의 보편성을 살펴보면 산재보험은 75.8%, 실업보험은 86.8%, 그리고 노령보험은 92.5%의 대상만을 포함하고 있다.

〈표 4-18〉 선진 자본주의국가 사회보장재원의 구조(1982-3)

	보험료(%)			
	피보험자	사용자	국가부담	기타
미 국	22.6	34.3	34.9	8.3
영 국	17.9	23.9	55.6	2.6
스웨덴	1.0	43.8	46.0	9.3
프랑스	21.5	50.4	25.4	2.7

* 자료: ILO(1988)에서 재구성

또한 제도의 포괄성도 낮아서 가족수당을 도입하고 있지 않은 것으로 나타나고 있다. 안전망으로서는 취약함을 보이고 있음을 잘 드러내고 있다. 특히 미국 피보험자의 높은 보험료 부담을 보여주는 〈표 4-18〉은 미국 사회보장제도가 이 표에서도 알 수 있듯이 미국의 사회보장제도는 국민들의 과중한 부담을 요구하고 있으며, 특히 분배적 보장형 국가인 스웨넨과 비교해서는 불본이고, 유사한 제도적 유형을 보여주는 영국이나 프랑스에 비해서도 높게 나타나고 있다.

결국 미국의 사회보장제도는 전통적 복지제도인 공적 부조에 의존한 것으로서, 안전망으로서의 복지제도의 구성이 취약할 뿐 아니라, 재분배기제로서의 기능에 대한 배려는 매우 취약하다고 여겨진다.

② 미국 연금제도의 특징

미국의 노령에 대한 사회정책은 실업 및 산업재해에 대한 사회정책이나 가족에 대한 사회정책과는 다르게 "근대적" 복지국가의 형태를 띄고 있다. 따라서 이 분야는 상당히 견고한 정치적 지지기반을 갖고 있으며, 사회보장을 분쇄하거나 부식시키려는 반복지세력의 공세에 대해 일정한 거리를 두고 있는 편이다.(Myles, 1988). 이처럼 확고한 영역을 구축하고 있는 미국의 노령에 대한 정책은 사회보장이 곧 노령을 위한 보험인 노령-유족

-장애보험(Old Age, Survivors, and Disability Insurance, OASDI)을 지칭하는 것으로 통용되는 것에서 잘 나타나듯이, 미국 사회보장의 중핵을 이루고 있다.

미국의 노령보호는 사회보험인 OASDI와 노령부조(Old Age Assistance, OAA) 프로그램을 양대 축으로 이루어진다. 주목해야 할 점은 이 두 가지 프로그램도 노령을 위한 보장의 완벽성을 추구하고 있지는 않다는 것이다. 노령보호의 주된 영역은 가족과 시장이 차지하고 있으며, 이 영역에서 제공되는 복지가 노후의 삶에 대해서 일차적인 책임성을 갖는다. 국가가 제공하는 프로그램은 이러한 기제들에 의한 노후보장이 실패했을 경우를 대비한 성격이 강하다.

　㉠ 미국 연금제도의 사회적 적절성

연금제도의 사회적 적절성을 보여주는 지표인 보편성에 대해서 먼저 살펴보자. 1935년에 제정된 OASDI는 1990년 말에 약 3,980 명의 수혜자에게 매달 약 217억 달러에 달하는 연금을 제공하고 있다. 수혜자들은 2,840만 명의 퇴직노동자들과 그들의 부양가족, 720만 명의 유족들, 430만 명의 불구가 된 노동자와 그 가족들을 포함한다(U.S. Social Security Adminstration, 1997).

노령-유족-장애보험은 현재 95%의 적용률을 보여주고 있으며, 급여는 65세에 수급할 수 있는 체제이다. 하지만 미국은 노령연금을 전 국민에 대해서 강제적인 가입조항으로 운영하고 있지는 않다. 이는 OASDI의 적용에서 제외되는 대상이 존재한다는 것을 의미하고, 이처럼 국민의 일부를 포함하지 못하는 제도적 약점 때문에 미국은 항상 복지후진국의 멍에를 벗어나지 못하게 된다. 급여대상의 한정은 결국 노령급여를 받지 못하는 일부 계층의 빈곤을 초래하게 되고 이들이 빈곤층으로 몰락하는 악순환이 반복되고 있다.

소득의 적정성을 나타내는 지표인 대체율의 시기별 변화에 대해 살펴본

〈표 4-19〉에 의하면, 30%대에 불과했던 1960년대에서 1980년대에 들어서
면 40% 중반의 대체율을 보여주고 있다.

〈표 4-19〉 미국 연금제도의 시기별 대체율 변화(%)

시기/ 대상	1969	1980	1989			1991		
			상 층	중간층	하 층	상 층	중간층	하 층
대체율	30	44	24	42	58	27	45	55

* 자료: Myles(1996, 125), 정일용(1992, 61)에서 재구성

급여의 구성방식을 살펴보면 노령연금에 의한 급여액은 재직 시 평
균소득액에 기초해서 산정된다. 개별 노동자의 1개월당 지수화된 평균
월소득액(Average Indexed Monthly Earnings: AIME)이 산정되고,
이것이 모든 사회보장급여 산출의 기초가 되며, 이를 사용하여 각 개
인의 '기본급여액(Primary Insurance Amount)'을 산정한다. 1991년 처
음으로 연금자격을 얻는 사람에게 적용되는 '기본급여액(PIA)'은 다음
과 같이 산정 되었다. ① AIME의 최초의 370달러 이하의 소득을 올린
사람들에게는 기본급여액의 90%, ② 다음 370달러로부터 2,230달러까
지는 기본급여액의 32%, ③ 2,230달러를 초과하는 경우에는 15%를 지
급한다. AIME는 경제 전체의 평균임금수준의 변화에 대응하여 매년
조정된다. 그 결과 평균소득자의 '기본급여액'의 소득 대체율이 41%
정도가 되도록 기준금액을 갖고 조정한다. 실제의 월급여액을 보면
1990년 12월 현재 모든 OASDI 연금 평균월급여액은 노령급여가 603
달러 정도에 이르고 있다. 이와 관련하여 계속 논란의 대상이 되고 있
는 것은 최저수준 대 최적수준에 관한 문제이다. OASDI는 결코 충분
한 은퇴프로그램으로서 제도화된 것이 아니었다. 그것은 오히려 개인
저축, 사보험, 조합연금제도를 보충하는 프로그램으로서의 성격이 강하

다. 그러나 대부분의 노인들이 다른 저축이 없고 노후대책으로서 OASDI 급여에만 의존하는 상태에서 OASDI 급여는 적절한 생활수준을 유지하기에는 너무 낮은 수준인 것으로 평가되고 있다. 연금급여의 소득 적정성을 측정하는 대표적인 지수인 대체율이 평균임금소득의 총소득 대비 41%, 순소득 대비 56%에 그침[89]으로써 OASDI가 노인의 소득보장에 있어서 주변적 위치로 전락하고 있다는 우려가 종종 제기되고 있다.

ⓛ 미국 연금제도의 재분배성

OASDI의 재분배성에 대한 고찰은 미국 연금제도의 문제점을 보다 분명히 보여주고 있다. 우선 정부의 지원을 살펴보면, 연금제도에 대한 국가의 재정적 지원은 매우 미미하다. 이는 서구의 복지국가와는 다르게 자활의 원칙에 의거하고 있는 미국식 복지의 한 측면을 보여주는 것이다. 이러한 국가의 방관은 결국 OASDI의 재정의 악화[90]라는 현실을 가져왔으며, 이에 대한 해결책으로 가장 많이 제시되는 것은, 연금제도의 적절성을 악화시키는 방향으로 나아갈 소지가 있는 퇴직연령의 상향조정이다. 퇴직연령을 상향조정함으로써 재정문제를 완화하려는 시도는 피보험자들의 실질급여 삭감, 급여를 받지 못하는 공백기간의 장기화 등의 문제를 낳게 된다.

재분배성의 또 다른 축인 기여의 구성방식을 살펴보면 OASDI 프로그램의 재원조달 계획은 노동자와 고용주 그리고 자영업자가 자신의 소득에 기초해서 보험료를 납부할 것을 규정하고 있다. 이들에 의해 납부되는 보험료는 이 프로그램 수입의 거의 95% 이상을 차지한다. 이처럼 민간부문

---

89) Rejda G. E.(1984, 137)
90) 재정 악화의 원인은 다양하다. 노령인구의 증가, 실업과 인플레이션에 의한 기여액의 감소, 베이비붐 세대의 대거 은퇴와 그에 따른 부양 부담의 증가 등이 그것이다. 그러나 이러한 현상은 세계적인 추세이며, 보다 근원적인 문제점은 미국 정부가 다른 선진 자본주의국가에 비해서 재정적 지원에 대해 보다 더 소극적인 태도로 일관하고 있다는 사실에 있다.

의 보험료 납부로 재정의 대부분을 충당하는 재원조달방식은 정부 지원의 빈약함을 보여주는 것으로서 미국 연금제도의 낮은 재분배 성취도에 원인을 제공하고 있다. 1991년 현재 OASDI 보험료율은 고용주와 피고용자가 각각 6.2%이고 자영업자는 12.4%이다. 이처럼 국가가 재정적 지원을 꺼리는 상태에서 단지 제도의 유지와 운영에만 책임을 지는 것은 '국민의 안전과 평등을 과제로 하는 복지국가'의 위상에도 어긋나며, 국가는 오로지 최소한의 개입과 현 상태의 유지를 목표로 하고 있음을 잘 보여주고 있다고 하겠다.

2) 역사적 과정과 동력

① 성립 및 점진적 발전기(1935-65)

㉠ 사회보장법의 설립과 노령보장

20세기 초반의 진보주의운동의 등장을 배경으로 하여 유럽에서 성공하고 있던 사회보험의 아이디어가 소개되면서부터, 개인주의와 자유주의가 세계 어느 지역에서보다도 강하게 뿌리를 내리고 있던 미국에서도 사회보장을 둘러싼 노력이 나타나게 된다. 그렇지만 미국의 사회보험운동은 사회보험이 권위주의적인 국가의 노동자 통제기제 이상의 것이라는 점을 대중에게 납득시키는 데 실패하였다. 결국 20세기 초반의 사회보장의 발전을 위한 노력은 산업재해보상보험을 몇 개의 주에 보급하는 데 그친 채 제1차세계대전의 발발로 그 막을 내리고 말았다. 미국이 1908년 연방정부 직원을 위한 산업재해보상보험제도를 도입한 것은 바로 이 진보주의운동의 결과였다.

미국의 사회사에서 제1차세계대전은, 집합주의적인 국민단합과 사회보장제도의 기틀을 마련하는 계기가 된 유럽에서와는 달리, 오히려 미국 자본주의와 자유방임의 저력을 확인하는 계기가 되었다. 1929년 대공황 전야까지 미국의 사회보장제도는 구빈원 중심의 공공구제와 산업재해보상보험이

178

고작이었다. 그러나 장기화된 대공황은 20세기 초 실패로 끝난 사회보험운동을 부활시켰다. 타운젠드 운동[91] 등 사회보장의 법제화를 둘러싼 사회적 노력이 급속히 파급되기 시작했으며 전국적 차원의 사회보장제도의 도입을 위한 분위기가 성숙해지게 된다. 이러한 사회적 배경을 토대로 하여 1935년 8월 15일 루즈벨트 대통령에 의해 미국 복지국가의 시발점이 되는 사회보장법(Social Security Act of 1935)이 선포되게 된다.[92] 사회보장법의 핵심적 내용은 다음과 같다·

1935년 사회보장법은 강제적인 사회보험과 사회부조를 양축으로 하고 있었다. 이 법은 ① 노인에 대해서는 노령연금과 공적 부조, ② 편모가족의 요보호아동, 불구아동, 시각장애인에 대해서는 사회부조 그리고 ③ 주정부 및 지방 공중보건사업에 대한 연방정부의 재정지원을 입법화하였다.

무엇보다도 중요한 것은 이 법이 전국적인 노령연금(Old Age Insurance: OAI)체계를 수립했다는 점이다. 근로자는 65세가 되면 퇴직연금을 지급받게 되며, 이 급여액은 근로자의 소득 및 보험료 기여수준에 따라 책정되어진다. 노령연금과 나란히 노령부조(OAA)제도가 만들어졌고, 이는 노령연금에 포괄되지 않거나 혹은 노령연금의 급여를 받았으나 아직도 요보호대상에 해당되는 65세 이상 노인을 보호하는 비용을 연방정부와 주정부가 공동 부담하도록 하는 것이었다. 1940년 노령연금의 급여가 개시되었을 때 연금수혜자격을 가진 노인의 비율은 매우 적었으며, 1953년에 이르러서야 노령부조 수혜자보다 노령연금의 수혜자가 더 많게 되었다.

1935년의 사회보장법은 근대적 복지국가로서 평가되기에는 많은 한계점을 노정시켰는데, 노령보호를 둘러싼 제도에서 보여지는 한계는 다음과 같다.

첫째, 이 법은 근대적 복지국가와 전통적 통제국가의 요소가 병존하는

---

91) 무갹출 정액연금 운동을 의미. 1934년 현재 28개 주에서 무갹출 노령연금을 채택하고 있다.
92) 루스벨트에게 있어서 사회보험은 상업보험 원칙의 연장, 즉 미국적 개인주의의 논리적 연장이었다.

상태를 보여준다. 사회보험은 능력 있는 시민들을 대상으로 했으며, 사회부조의 경우에는 취업이 가능하지 않은 노인들 그리고 공적으로 보호할 '가치'가 있는 빈민인 요보호시각장애인, 노인 등에게만 복지수혜를 제공하도록 고안되었다.

둘째, 노령부조가 노령보험에 대해서 수급자의 수 및 수급액의 정도에서 우세한 위치를 점한 채 노령보호가 진행되었다.[93] 따라서 근대적 복지국가의 발전이나 시민적 권리로서의 노령보호 등은 출발에 그친 것에 불과했으며, 여전히 요원한 과제로 남아있었다.

이러한 문제점에도 불구하고 1935년의 사회보장법은 미국 사회보장의 전환점을 제공한 것으로 평가할 수 있는데, 그 역사적 의의는 다음과 같다.

무엇보다도 이 법은 미국 사회복지역사의 이정표가 되었다. 단점이 없는 것은 아니었지만, 사회보장법은 전국에 걸쳐 복지활동의 확충과 향상을 가져왔으며, 빈민에 대한 처우에 본질적 개선을 가져왔다. 다시 말해서 빈곤의 가장 근본적인 원인이 되어온 실업, 노령 및 생계유지능력의 상실 등, 사회적 보장이 필요한 경우에 현금 급여가 제공됨으로써 궁핍과 의존을 어느 정도 예방할 수 있게 되었고, 어떤 의미에서 개인적 자유와 인간의 존엄성을 위협하지 않는 방식으로 사회적 안전망이 제공되었다. 사회보장법을 계기로 미국 역사상 최초로 다수의 사람들이 공적 급여자격을 가지고 있음이 인정되었다고 볼 수 있다. 즉 자선적이고 일시적이었던 구미국사회복지의 특성은 정당한 권리에 기초한 영속적 속성으로 대체되기 시작했으며, 공적 복지에 대한 사적 자선의 우위가 종식되는 계기가 마련된 것이다.

결국 사회보장법은 국가 정책에 의한 수혜자격의 개념을 도입시키고, 연방정부는 대다수 시민의 복지에 대한 책임을 맡게 되었으며, 이로써 미국 복지국가(the American welfare State)가 탄생하게 된 것이다.

---

93) 이러한 상태는 상당 기간 계속되었다. 1949년 현재 노령부조(OAA)의 수혜자가 받은 급여액은 노령보험(OASI) 수혜자의 급여액보다 두 배나 되었다. 전자가 42달러였고 후자는 25달러에 불과했다.(Achenbaum, 1992: 34)

ⓛ 사회보장의 발전을 둘러싼 노력

사회보장법의 등장으로 본격화되기 시작한 노령에 대한 국가적 차원에서의 보호는 1965년에 이르기까지 점진적이기는 하지만 지속적인 발전을 가져오게 된다. 이러한 개혁을 가져온 추동력은 무엇인가에 대해서 알아보도록 하자. 콰다그노(Quadagno)는 이러한 점진적 발전의 시기에 연금제도를 비롯하여 고령자들을 위한 사회보장이 제 모습을 갖추게 된 원인을 조직노동자, 사회보장성(Social Security Administration) 그리고 민주당의 연합에서 찾는다. 특히 조직된 노동자들은 사회보장성의 매우 중요한 동맹자였다. "그들은 보장성의 자문위원회에 들어가거나 적극적인 로비를 통해서 그리고 여러 차례의 캠페인에 가담함으로써 보장성을 지지했으며",94) 노령보호를 둘러싼 노력에서 일정한 역할을 수행하게 된다.

프로그램의 도입 때부터 사회보장성은 적극적으로 미국노동자총연맹(AFL)의 도움을 추구했으며, 1940년대 초반에 노동자조직들은 사회보장의 적극적인 지지자였다. 1941년 초기에 AFL은 건강과 장애보험의 필요성을 역설했으며, 그 후 20여 년간 여러 법안에 대한 지지를 표명했다. 급여수준을 늘리고 포괄도를 확장한 1950년의 개정안 역시 AFL의 적극적인 지지와 CIO가 수행해낸 성공적인 단체교섭의 결과였으며, 이것이 국가로 하여금 공공급여를 확대하도록 압력을 가했던 것이다.

그러나 1965년에 들어와 조직노동자와 사회보장성의 동맹은 붕괴되기 시작했다.95) 도입기에 점진적인 개정을 놓고 맺어졌던 양자 간의 연합은

---

94) Jill Quadagno(1991) 참조. 한편 김태성은 민주당 – 노동계급 – 개혁적 자본분파 간에 형성된 선거연합을 바탕으로 하여 미국의 노령보험의 발달을 설명하려 하고 있다.(김태성 외, 1993: 106)
95) 이러한 분열의 단초를 제공한 것은 자동차 노조위원장 Reuther의 급진적 개혁 주장이었으며, 이러한 급진적 움직임의 등장은 노동운동 내부의 분열을 초래하고 사회보장을 둘러싼 동맹에 금이 가게 만들었다(Quadagno, 1991).

1968년의 선거와 1972년의 선거과정에서 민주당과 결별함으로써 최종적으로 파국을 맞는다.

ⓒ 노령보장의 점진적 발전

사회보장법은 1939년에 첫 번째로 개정되었다. 개정의 주된 내용은 먼저 수급대상의 확대를 통해서 노령보호의 범위를 늘려나가는 것이었다. 개정입법에서는 '가족보호'의 개념이 도입되었으며, 이는 사회보장의 급여를 소득자의 가족에게까지 확장시키는 수단이 되었다. 최초의 노령연금이 기여 당사자에게만 개인적인 연금을 지급하는 데 그친 데 반해서, 개정된 법령은 기여자의 처, 미망인, 부모와 18세 미만의 자녀에게도 급여가 주어지도록 하였다. 급여의 계산방식에서도 변화가 나타났다. 기존의 급여 계산방식인 통산 적용소득 즉 누적 기여금이 아니라, '평균'적용소득을 기초로 하여 기여금을 계산하게 되었다. 이는 기여금과 급여의 관계를 상당히 약화시키는 효과를 가져온 것으로 판단된다. 마지막으로 수급자격의 완화가 이루어졌다. 기존의 법령에서는 누계임금액이 최소 2천 달러 이상이 되어야 하고 해마다 일정기간 이상씩 5년을 취업해야 수급자격이 주어졌다. 그러나 새 방식에 의하면 적용분야에 18개월만 취업한 노동자라도 65세에 이르면 수급자격이 주어졌다.

결국 1939년의 개정안은 급여의 확대와 수급조건의 완화로 요약할 수 있으며, 개정으로 인해 가입자들의 소득 적정성의 정도가 일부 증가했다고 볼 수 있다.

첫 번째 개정을 뒤이은 전후의 점진적 개정들을 통해서 미국의 연금제도는 보편성을 확장하게 된다. 1939년 사회보장법 개정 이래 첫 전면개정은 1950년에 이루어졌다. 1950년 개정의 주요한 특징은 적용대상의 확대와 그에 발맞추어 보험료율을 인상한 것이라고 볼 수 있다. 1,000만 명 이상의 사영업자를 강제 가입대상으로 규정하여 적용범위가 상당히 넓어졌으며, 1954(농업피용자와 자영농민이 가입), 1956년(치과의사, 변호사, 현역군인 등이 가입). 1956년(장해폐질연금이 추가), 1960년(폐질연금의 연령 제한이 삭제) 등의 조치를 통해서 피고용 노동자의 가입률이 1949년 64.5%에서 1955년 89.9%로 획기적으로 증가하였다.

그러나 적용범위의 확대와 보험료율의 확대에도 불구하고 급여의 획기적 증진은 나타나지 않았다. 그 결과 전후와 60년대 중반의 시기에 미국 노인들의 경제적 지위는 지속적으로 쇠락했다. 급여는 생활수준의 일반적인 증가를 따라잡지 못했으며, 노동시장의 수입을 대체하지도 못했다.

이러한 개정과정에 대한 비판은 다음과 같이 살펴볼 수 있다. 점진적 개혁의 시기에 가장 먼저 지적되어야 할 문제점은 사회보장 급여로 노인들에게 지급되는 급여액의 대체율이 현저하게 낮았다는 것이다. 이는 지속적인 경제성장에 따른 인플레이션과 실질임금의 증가를 따라잡지 못한 사회보장급여의 탄력성 부재의 결과이다.

또한 노령에 대한 보장이 사회보험과 사회부조의 양대 체제로 이루어지면서 여전히 공적 부조에 무게가 실리는 전근대성을 제도적으로 개선하지 못 한 채, 노령에 대한 소득보장이 효과적으로 이루어지지 못하는 결과를 가져왔다. 이러한 미국적 이중주의의 폐해는 급여의 실질적 가치를 증대시키지 못할 뿐 아니라 미국의 사회보장제도를 사회의 주변적 장치로 몰아내는 효과를 가져와 미국 사회보장이 지닌 후진성의 원인이 된다. 따라서 다음 시기에 본격적으로 논의될 주제는 당연하게도 급여의 대폭적인 상향조정과 임금 및 물가에 따른 슬라이드제도의 도입이 된다.

② 연금제도의 성숙기(1965-75) - 노령 파워(gray power)의 등장

㉠ 연금제도의 획기적 발전

1970년대에 들어 노령연금제도는 급격한 발전을 거듭하여, 근대적 형태의 노령보호의 체계가 갖춰지기 시작한다. 특히 1972년은 미국 사회보장의 역사에 있어서 획기적인 전환기로 기록될 수 있을 것이다. 그해 6월 30일 의회는 2,780만 명의 미국인에게 20% 증액된 연금급여를 제공할 것을 제

안하였고, 하원은 302 대 35로, 그리고 상원은 82 대 4라는 압도적인 표차
이로 이를 승인하였다.

개정된 제도의 내용을 살펴보면, 먼저 급여액의 상향조정에 의한 소득의
적정성 확보를 들 수 있다. 퇴직 독신근로자의 평균급여액은 선거 한 달
전인 10월에 133달러에서 166달러로 상향조정되었고, 퇴직부부의 경우는
월 평균 지급액이 223달러에서 270달러로 상향조정되었다. 최대급여액 역
시 259달러에서 389달러로 상향조정되었다. 그 결과, 1965년도의 소득 대
체율이 44%이었던 것에서 75년에는 57%, 80년에는 66%로의 변동이 이
루어졌다.[96] 또한 1972년의 개정으로 슬라이드제도가 도입되었다. 1975년
부터 소비자 물가지수가 적어도 3% 상승되었을 때마다 매년 생계비조정
을 시행하도록 하였다.

정부의 지원도 획기적으로 증대하였는데 10월 31일 닉슨은 OASDI 프
로그램의 대상을 크게 확대하는 데 필요한 50억 달러 상당의 사회보장안
을 승인하였다.

수혜대상도 승가하여 1972년 말까지 사회보상의 적용내상 범위는 거의
보편화되었다. 급여수급자격을 가진 미국인의 비율은 1941년과 1974년 사
이에 20%에서 90%까지 상승하였다(Achenbaum, 1992: 52-53). 이처럼
1972년경의 미국 복지국가의 현대화는 하나의 기정사실(a fait accompli)
이었다(Myles, 1988).

ⓛ 노동계급의 퇴조와 노령동맹의 등장

1971년경에 대략 인구의 10%, 유권자의 15%를 노인들이 차지하고 있
었으므로 법률입안자들은 점증하는 "그레이 파워(gray power)"의 힘을
도외시 할 수 없게 되어 있었다.

---

96) 1967년과 1984년 사이에 노인가족의 평균소득은 55% 증대했으며, 빈곤율
도 25%에서 15% 미만으로 감소하였다. 게다가 사회보장급여는 노인소득
의 전체 몫 중에서 중요성을 차지해 나가게 되는데, 사회보장급여액은
1967년의 28%에서 1985년의 36%로 증가하게 된다.(Quadagno, 1991: 41)

  1972년을 기점으로 한 노령연금제도의 획기적인 발전은 복지의 지지자로서 기존의 조직노동자를 대체할 새로운 동맹군의 등장과 함께 이루어졌다. 비록 조직노동자의 영향력이 감소했지만, 중간계급의 사회보장제도에 대한 지지는 급증했다. 가장 주목할 만한 지지세력은 역시 노령연금에 대해 직접적인 이해관계를 갖는 노인층의 이익집단화와 이에 기초한 정치세력화에 의해서 등장하게 된다. 팸펠과 윌리암슨(Pampel and Williamson)에 따르면 연령과 같은 인구학적 범주들은, 계급에 기초한 범주와 마찬가지로, 급여 개선에 대한 요구의 중요한 기반을 이룬다. 그들이 보기에 연령에 의거한 이익집단 정치의 출현은 두 가지 요인으로부터 도출될 수 있다. 첫째는 고령인구의 증가이고 둘째는 고령의 이해의 동질화이다(Pampel and Williamson, 1988: 1425).

  이를 뒷받침할 증거가 다양하게 나타난다. 먼저 조직적 측면에서 보면 1970년대를 통틀어 고령 시민조직의 출현이 급증하게 되며, 이러한 조직적 배경은 노령을 대상으로 한 복지발전을 위한 정치적 기반이 된다. 1958년에 설립된 미국퇴직자협회(American Association of Retired Persons: AARP)는 1988년에 2천8백만 명의 회원을 갖게 되며, 이는 전체 미국인의 1/9에 해당하는 수자이다.[97] 보다 활동적이고 강력한 노인조직으로는 8만 명의 회원을 가진 그레이 팬더스(Gray Panthers)와 4백만 명의 회원을 지닌 전국고령자평의회(National Council of Senior Citizens: NCSC)의 등장을 들 수 있다.

  노령자 조직은 미국의 정치적 환경에 비추어 볼 때 사회보장제도를 보

---

97) AARP는 전국적으로 세 번째로 많은 부수를 자랑하는 Modern Maturity를 발간했으며, 이를 통해서 유권자를 위해서 노인에게 유리한 정치적 이슈를 제기하는 후보자들을 안내해 주거나, 노인과 관계된 이슈들을 제공하는 서비스를 했으며, 노인복지 관련 주간 TV시리즈를 후원하는 등의 활동을 했다. 이러한 활동의 한 예로 1988년의 선거에서는 뉴햄프셔에서만 AARP가 25만 통의 문건을 발송하여 후보자의 사회보장에 대한 입장을 상세히 설명해주었다.(Quadagno, 1991)

호하는 데 있어서 매우 효과적인 조직이었다.[98] 그들의 활동은 대부분 정치적인 로비전술에 집중되어 있었다. 로비에서 강력한 힘을 발휘한 것은 4천 개의 활동적인 지역조직을 갖고 있었던 NCSC였다. 이 조직은 AFL-CIO의 로비력에 버금가는 위력을 발휘했으며, 특히 노인과 관련된 이슈에 대해서 효과적인 힘을 발휘했다. 노인조직의 로비력을 극명하게 보여주는 것은 1979년에 카터 대통령이 소규모의 사회보장 삭감을 시도했을 때이다. 고령자 집단의 연합체였던 SOS(Save Our Security)는 이 삭감 시도에 대해서 격렬한 저항을 보여주었다. 그리고 1981년에 레이건이 기본급여의 삭감을 제기했을 때에는 휴면기에 있던 조직들이 일제히 부활하여, 100여 개의 노인조직을 조직하였으며, 1982년경에는 123개의 노동 및 노인조직과 3천5백에서 4천만 명의 회원을 결집시키게 된다.

결국 연금제도의 성숙기에 노령을 위한 복지제도의 확충에 가장 큰 영향을 끼친 것은 조직노동자의 영향력을 대체한 노령조직의 활발한 사회적 활동이었고, 그들의 이익집단화를 통해서 연금제도의 확장과 성숙이 가능하게 되었다고 볼 수 있다.

③ 복지국가의 위기와 재편(1975-1990)

㉠ 복지국가의 위기와 반복지공세

1970년대 중반 이후에 복지국가의 위기를 불러들인 경제적 위기와 이를 통한 재정적자의 그림자는 미국에도 어김없이 나타났으며, 복지기반이 취약한 미국에서 복지축소를 위한 움직임은 다른 선진 자본주의국가의 경우보다 강력했다고 볼 수 있다. 특히 시장의 지배력이 강했던 미국 복지의 의존적 성격은 경제위기의 시대에 '시장의 실패'를 보완하지 못하고 동반 추락하는 결과를 가져왔다.

1971년의 첫 재정적자와 1973년의 에너지 위기를 통해 시작된 미국 복

---

98) 미국 정치의 문화적 특성과 정책결정구조가 사회복지제도의 형성에 끼친 영향에 대한 연구로는 정무권(1994) 참조.

지국가의 재편은 신보수주의 정책의 선도자답게 복지제도에 대한 대대적 삭감과 조정에 들어가게 하였다. 미국의 복지국가 재편 전략은 공공복지의 주변화와 정부의 간접지출을 통한 민간부문에서 중산층의 복지욕구 충족으로 요약될 수 있다. 이러한 재편은 결과적으로 미국 사회복지의 이중화를 가져왔는데, 능력 있는 중산층은 시장기구를 통하여 복지욕구를 충족시키도록 하고, 가난한 소수만 사회보장이라는 공공부문에 매달리게 하는 것이었다(이혜경, 1993: 82).

재편의 결과, 미국의 사회보장지수들은 현격한 악화를 보여준다. 가족의 소득은 더욱더 불평등해졌으며, 아동 빈곤은 1965년의 수준으로 저락하였다. 1973년과 1987년 사이에 하위 20%의 소득은 22% 하락한 반면에, 상위 20%의 소득은 25% 상승했다. 이처럼 미국 사회보장의 쇠퇴는 불평등의 확산을 동반시켰는데, 1980년대를 통틀어 유럽국가들을 대상으로 소득의 불평등을 조사한 OECD의 보고서에서 이러한 사실이 잘 나타나고 있다.

〈표 4-20〉 소득 불평등: 중간층에 대한 상·하위 소득자의 소득비율(1980년대)

	미 국	독 일	프랑스	스웨덴	노르웨이
최하위 십분위/평균소득	0.40	0.71	0.65	0.74	0.76
최상위 십분위/평균소득	2.22	1.64	1.96	1.54	1.50

* 자료: OECD(1993)에서 재구성

1980년대의 미국에서 최하위 십분위 계층의 임금과 소득수준은 평균소득층의 40%에 그치고 있는데 이는 비교대상인 유럽국가들의 70%대에 비해서 현저한 차이를 보여주고 있는 수치이며, 상위계층과의 소득차이도 압도적으로 높게 나타나고 있다. 미국은 1980년대를 통해서 '기회의 땅(land of opportunity)'에서 '불평등의 땅(land of inequality)'로 전락하게 된다.(Myles, 1996: 116-117)

복지국가의 재편을 주도한 반복지동맹은 효과적인 반복지정책의 실현을 위한 수단으로서 매체와 법정, 의회를 통해서 사회보장에 대한 공격을 시작했으며, 이를 통하여 반복지정서의 사회적 확산을 추구하고, 대중적인 정서를 반복지적인 지향을 갖게끔 유도해내려 노력했다. 1960년대의 조직적 노동자의 활력을 이어받은 고령자 조직들의 활동에 대항하기 위해서, 또한 노령연대의 통합력을 와해시키기 위한 노력이 진행되었으며, 이러한 움직임의 중심에 있었던 조직은 '세대 간 형평성을 위한 미국인들'(Americans for Generational Equity: AGE)이었으며, AGE는 특히 노령조직의 로비력을 견제하기 위해 전력하였다.

반복지동맹의 행동전략은 다음과 같다. 먼저 대중매체를 통해 기존 복지제도의 비효율과 세대 간 형평성에 대한 논의를 확장시키는 것, 그리고 이를 통해서 세대 간 갈등과 계급 간 갈등을 유도한 후에 복지삭감에 대한 지지를 대중적 합의로 이끌어내는 것이다. 이러한 전략을 위해서 복지삭감론자들은 기존의 대중매체에 대한 영향력을 확보하기 위해 모든 수단을 동원했으며, 여기서 더 나아가 새로운 매체들을 추가적으로 만들고 이를 통해 적극적인 선전활동에 들어가게 된다.

두 번째 전략은 노인조직의 대정부 로비에 대항할 수 있는 통합적 조직을 만들어서, 노인조직의 영향력을 차단함과 동시에 복지삭감을 위한 정치적 활동을 강화하는 것이었다.

ⓒ 반복지전략의 확산과 저항

사회보장에 대한 AGE의 주된 입장은 계급갈등과 세대 간 갈등의 이중적 메시지를 전달하여, 사회보장을 둘러싼 공식토론의 성격을 바꿔보자는 것이었다. 이는 다시 말하면, 사회보장을 둘러싼 논의를 사회적 적절성에서 재분배성으로 확산시키는 것이 아니라, 사회적 적절성에서 개별적 형평성으로 후퇴시키자는 것이었다.

먼저 세대 간 갈등을 대상으로 한 그들의 주장은 다음과 같은 글에서 잘 드러나고 있다. "노인들은 다음과 같이 주장하고 있다. 청년들은 우리 노인들이 과거에 즐겼던 방탕에 대하여 악의를 갖지 않아야 함은 물론이고, 노인들의 현재 생활수준을 유지해주어야 할 뿐 아니라, 그를 위해서 자신들의 부유함까지 희생해야 한다고."(Quadagno, 1991: 42-44) 또한 이들은 1982년 현재 7%만 빈곤에 처해있을 뿐인 노인들이 상대적으로 더 많은 빈곤에 처한 젊은이들로부터 자원을 수취해가고 있으며, 이 때문에 정부의 제한된 부가 미래의 경제성장을 위해서 쓰이는 것이 아니라 낭비되고 있다고 주장했다. 그들은 노인들의 낮은 빈곤율과는 대조적으로 아동의 23%가 빈곤에 처해있으며 그들을 위한 프로그램 예산은 삭감되고 있다는 사실을 적극 홍보한다. AGE의 일차적인 전략은 반복지세력의 든든한 지원을 등에 업고 전국적으로 '세대 간 형평성(generational equity)'이라는 개념을 유포하는 것이었다.[99]

세대 간 형평성뿐만 아니라 AGE는 계급갈등의 개념을 정교화시켜 나간다. AGE는 노인들에게 과분한 사회적 기금이 불공평한 방식으로 분배된 덕분에 빈민들만 애꿎은 희생을 당한다고 주장한다. 빈민을 대상으로 한 이 호소는 자유주의적 민주당원들에게 일정한 호소력을 갖게 된다. 무디(Moody)는 "사회보장급여를 받는 많은 사람들이 그들을 위해 세금을 내는 사람들보다 더 잘살고 있다. 연방재정적자는 통제를 벗어나고 있으며 청년층은 과도하게 높은 세금부담을 지고 있다. 모든 사람이 희생당하고 있다. (노령을 위한)사회보장은 반드시 억제되어야 한다."고 주장했다.(Quadagno, 1991: 45).

AGE 주장의 핵심은 노년층이 노동에 종사하는 인구층이나 빈곤층보다 부유한 급여와 생활수준을 유지하고 있다는 것이었다. 따라서 이들은 노령

---

99) AGE는 1987년도에 367,316달러의 총수입을 사적 영역 - 은행, 보험회사, 건강의료 회사, 등 총 85개의 조직 - 에 종사하면서 공공복지와 경쟁하던 분야에서 획득하게 된다.

을 위한 보조와 급여를 삭감할 필요성을 반복적으로 제기하게 된다. 결국 AGE의 구상은 1970년대에 미국의 사회보장제도가 창출한 세대 간 그리고 계급 간 연대를 제거하는 것이라고 볼 수 있다. AGE는 중간계급의 점증하는 세금부담에 대한 불만에 초점을 맞춤으로써, 청년층과 공화당원들에게 호소력을 갖게 되었다. 동시에 빈민아동의 불리한 처지에 초점을 맞춤으로써 저소득층의 불만을 유도하게 된다. 이처럼 보수적 이데올로기에 반빈곤 자유주의자들을 결합시킴으로써 AGE는 정치적 힘과 광범한 원군을 얻게 된다.

그러나 세대 간 형평성과 계급 간 공정한 분배에 대한 논의와 합의가 외관상으로 확산되는 듯한 추세에도 불구하고, 사회보장에 대한 대중적 지지도는 여전히 높았다. 1987년의 한 여론조사에 의하면 "노령을 대상으로 한 프로그램에 대한 지지도가 하락하는 표시는 어디에서도 없었다". 심지어 21-29세의 젊은이들조차 77%가 정부의 추가지출을 신뢰하고 있었으며, 74%가 높은 사회보장급여에 찬성했다. 더구나 응답자의 76%가 정부가 "노인을 위해 충분히 일하지 못하고 있다"(Quadagno, 1991: 48-49)고 말함으로써 외관상의 분위기와는 다르게 노인에 대한 복지는 대중적 지지를 유지하고 있었다.

이러한 사실은 AGE를 중심으로 한 반복지세력의 공세가 노령을 대상으로 한 복지재편에 그다지 성공적인 결과를 얻지 못했음을 의미한다. 선거결과에 직접적으로 영향을 미치는 풀뿌리 지지자가 없었으므로 AGE는 노인조직의 사회적 영향력에 비해서 상대적 열세에 놓여 있었다. 그들은 노인조직처럼 정치인들에 대한 정치적 압력을 동일하게 구사할 수도 없었으며, 자신들의 의제에 대한 지지를 만들어낼 대중적 캠페인을 동원해 낼 수 없었으며 무엇보다도 선거에 직접적 영향을 끼칠 유권자층을 확보하고 있지도 못했던 것이다.

결국 미국의 사회보장 축소노력은 여타의 사회적 안전망을 서서히 부식시키는 형태로 진행되지만 이러한 노력을 관통하는 '연금 제외의 원

190

칙'(Esping-Andersen, 1996: 16)하에 진행되었다고 볼 수 있다.

ⓒ 1983년의 타협과 모색

1983년 개정안은 위기 시대에 미국의 노인복지가 경험하게 될 방향을 제시하고 있다는 데 그 의의가 있다. 그 과정을 먼저 살펴보면 다음과 같다.

사회보장 삭감의 기치를 내걸고 등장한 레이건 행정부가 노령보장의 삭감을 위해 제시한 안건은 미래 급여의 10% 삭감, 조기퇴직 급여의 31% 삭감, 장애급여의 수급자격을 더욱 협소화시킬 것 등으로 나타난다. 그러나 이러한 제안은 대중적 저항에 직면하게 된다. 레이건의 대중적 지지도는 16%나 하락하게 되고, 이러한 제안이 있고 난 후의 의회선거에서 공화당은 다수의 의석을 상실하게 되었다. 이처럼 레이건의 복지삭감시도에 대한 공공연한 항의는 특히 노인을 대상으로 하는 복지제도를 거역할 수 없는 실체로 만들었다. 65세 이상의 투표수는 24세 미만의 그것보다 거의 3배에 가까웠으며, 정치인들은 그들의 정치적 잠재력을 두려워했다. 이 선거를 통해서 정치인들은 사회보장에 대한 공격이 선거에서의 패배로 이어진다는 사실을 깨닫게 된 것이다. 그 결과 노령복지에 대한 삭감시도는 신중한 행보를 이어갈 수밖에 없게 되었으며, 심지어 1987년의 주식시장 붕괴로 인해 모든 사회프로그램이 정밀조사에 들어갔을 때조차도, 노령층에 대한 사회보장은 협상의 테이블에서 제외되었다. 노령보장은 한마디로, 예산의 신성한 암소, "삭감주의자들이 공격할 수 없는 신성불가침의 프로그램"으로 자리잡게 된 것이다.

이처럼 미국의 노령보장이 위기의 시대를 겪는 방식은 여타의 사회보장과는 다른 의미를 갖는다. 그러한 의미가 구체적으로 나타난 것이 1983년의 타협안이라고 볼 수 있다. 이 개혁안은 복지국가의 위기라는 사회적 상황 속에서 복지를 둘러싼 여러 세력의 이해가 타협적으로 조정된 결과로 볼 수 있다. 노령연금을 둘러싼 개정의 주된 내용은 아래와 같다. 먼저 적용대상을 부분적으로 확대했다. 연방공무원, 비영리단체 등의 종사자를 강제 가입대상으로 함으로써 제도의 수혜자를 늘리는 방향으로 개정이 이루어졌다. 슬라이드제도의 실행 시기를 다소 지연시켰으며, 물가연동제가 물가와 임금 중에서 낮은 변동을 일으키는 지수와 연동시키는 슬라이드 방식을 선택하게 되었다. 그리고 소득자의 연금에 세금을 부과함으로써 재정확충과 급여의 실질적 삭감을 시행했다. 사회보장연금의 급여는 종래에는 비과세였지만 소득과 연금급여 반액의 합계액이 25,000 $ (부부의 경우 32,000 $) 이상인 경우에 과세를 시행하는 방식으로 개정이 이루어졌으며, 보험 부담률도 소폭 인상되어, 피용자자의 경우에는 5.4%에서 5.7%로, 자영업자의 경우에는 11.4%로 변경되었다.

수혜자가 연장수급을 신청하는 경우에는 급여금액을 증액시켜줌으로써 전체적으로 연금지출을 줄이려 하였으며, 전반적으로 지급개시 연령을 높게 잡아 현재 65세의 지급개시연령을 66세로, 2021-2026년까지는 67세로 하기로 결정했다.

이러한 조치들은 궁극적으로 정부의 부담을 줄이는 방향으로 가닥을 잡고 있으며, 급여의 내폭적인 하락 등 급격한 복지후퇴를 시행하지 않는 내신에 전반적으로 수혜자의 권리가 하락하는 방향으로 개정되었다.

반복지공세에도 불구하고 여전한 정치적 영향력을 유지하고 있었던 노령자조직의 반발은 애초의 시도와는 다르게 1983년의 개정을 소폭에 그치게 하는 역할을 했으며, 정부는 여타 분야의 대폭적인 서비스 축소와 재정감축과는 달리 노령을 위한 보장에 대해서는 만족할 만한 축소조치를 이끌어낼 수 없었다.(정무권, 1994: 363)

3) 소결 - 평가와 전망

이상에서 우리는 미국 연금제도의 발전과정을 살펴보았다. 그 특징을 살펴보면 첫째, 미국의 노후보장체계는 시장모충적 성격이 강하게 드러나고 있다. 이는 공공영역인 사회복지의 기능을 사적 영역인 시장의 기능을 통해서 대체하려는 제도적 경향에서 잘 나타나고 있으며, 사회복지의 등장은 시장의 실패를 보조하는 차원에서 제공되는 경향이 있다. 따라서 각 제도의 구성과 운영에서도 시장논리에 기초한 운영원리가 지배적인 영향력을 발휘하며, 이는 결국 보편적 복지제도의 형성을 어렵게 하는 원인이 되고 있다.

이처럼 시장지배형 복지제도의 형성 및 전개에는 노동계급의 미약한 영향력이 주요한 원인으로 작동하고 있다고 여겨진다. 미국 복지의 전개과정에서 드러난 복지 추동세력으로서 노동계급의 일관된 정책적·사상적 능력의 부재와, 자신의 계급적 이해를 실현할 정치적·사회적 영향력의 부재는 연금제도의 성숙기와 재편기에 더욱 두드러지게 나타나며, 노후보장체계의 발전을 위한 주도적 세력으로서 노인집단이 등장하게 되는 독특한 정책결정구조를 형성시켰다. 이른바 그레이 파워의 등장은 미국의 노령보장을 여타의 사회보장에 비해 견고한 위치에 이르도록 하였으나, 이러한 위치 역시 미국적 한계의 내부에서 우월함에 그치고 있음이 지적되어야 할 것이다.

이러한 두 가지 특징에 의거하여 미국의 연금제도는 낮은 사회적 적절성과 재분배성을 보여주는 '소극적 보장형' 국가의 범주에 포함되게 된다. 미국의 연금제도는 사회적 안전망으로서의 기능을 충실하게 수행하고 있지 못하며, 재분배기제로서의 역할은 무망하다고 볼 수 있다.

V. 결 론

　본 연구는 사회복지에 대한 전환적 사고가 요구되는 한국사회의 현실적 요청에 부응하기 위해서 개별적인 복지제도인 연금제도를 대상으로 하여 유형론과 발전론의 구성 및 결합을 시도했으며, 이를 통해 역사적 사례의 분석을 시도하였다. 본 연구의 연구과제 설정과 연구방법은 다음과 같다.

　연구의 첫 번째 과제로 설정된 것은 복지국가와 연금제도에 대한 분석의 기준을 설정하는 작업이었다. 이를 위해서 먼저 복지국가를 전통적 형태와 근대적 형태의 복지국가로 구분하였으며, 근대적 복지국가의 운영원리인 보험원리와 복지원리의 대립에 대해서 살펴보았다. 또한 복지원리의 구성요소로서 '사회적 적절성'과 '재분배성'을 도출해냄으로써 연금제도의 구체적 내용에 대한 분석을 위한 기준을 마련했다.

　두 번째 과제로 설정한 것은 연금제도의 국가별 유형을 분류하는 작업이었다. 이를 위해서 기존의 연구방식의 단점을 보완할 수 있다고 여겨지는 '내용적 분석'방식을 도입했으며, 제도의 구성요소를 '사회적 적절성'과 '재분배성'이라는 기준에 의거하여 분류하였다. 이러한 기준에 의거하여 분석대상이 된 OECD 18개국의 공적 연금제도의 성취도를 측정했으며, 측정된 결과를 토대로 구성된 연금제도의 국가별 유형은 '분배적 보장형', '단순보장형', '소극적 보장형'으로 유형화되었다.

　세 번째 과제로 설정된 발전론의 구성은 각 유형별로 고유한 발전의 내적 동력을 찾는 데 초점이 맞추어졌다. 유형별 발전론의 구성은 유형론과 발전론의 결합을 통해서 연금제도에 대한 일반론을 구성하는 것을 목표로 하였다. 국가별로 연금제도의 발전을 가져오는 원인에 대한 탐구를 위해서 사회경제적 변수와 세력변수, 그리고 국가의 역할이라는 변수를 도입했으며, 각 변수들을 측정 가능한 통계치로 전환시켜서 유형별 발전원인의 탐구를 시도했다. 분석의 결과 '분배적 보장형 – 노동계급 주도형', '단순보장형' – '집단주의', '소극적 보장형 – 시장지배'의 이론모델을 구성하게 되었다.

마지막으로 이러한 발전모델을 통해서 대표성을 띄는 국가들의 역사적 사례를 살펴보는 것이 네 번째 과제였다. 이를 위해서 스웨덴과 일본, 그리고 미국의 연금제도를 대상으로 하여 도입과 발전의 전 과정을 내용적 성취도와 발전원인을 중심으로 살펴보았다.

이상의 과제를 대상으로 연구를 수행함에 있어서 기본적인 입장은 다음과 같다. 먼저 복지국가는 '사회적 안전망'의 국가적 제공과 '불평등의 완화'라는 목표를 갖는 것으로 파악한다. 이러한 목표의 달성을 위해서 '근대적 복지국가'는 사회보장제도의 구성 및 운영에 있어서 '보험원리'의 정책원리인 '개별적 형평성'에 만족하지 말고 '복지원리'의 정책원리인 '사회적 적절성'과 '재분배성'을 획득해야 할 것이다.

복지국가의 개별 제도인 연금제도 역시 이러한 문제의식의 연장선상에서 살펴볼 수 있다. 연금제도를 구성하는 제도적 장치들 – 적용대상, 소득대체율, 급여구성, 기여구성, 정부보조 등 – 은 사회적 적절성과 재분배성이라는 기준에 의거해서 분류될 수 있으며, 이러한 분류는 '내용적 분석'을 위한 기초작업이 될 것이다.

연금제도의 유형론을 구성하는 데 있어서는 '내용적 분석'을 시도한다. 이는 양적 분석이 보여주는 단순 비교 및 서열화의 방법을 피하며, 질적 분석이 보여주는 단일 원인에 의거한 일반화의 위험개별 제도의 비교에 유용할 뿐 아니라, 양적 분석과 질적 분석 방법의 장점을 결합하는 효과를 보여줄 수 있다고 여겨지기 때문이다. 유형론의 구성은 본 연구의 핵심 부분을 구성한다. 왜냐하면 뒤따르는 발전론의 구성이 유형론의 틀 내부에서 진행되고 있으며, 따라서 연금모델의 구성도 유형론에 기초해서 진행되기 때문이다.

발전론의 구성에 있어서는 특정한 이론적 입장의 연구방식에 의거하기보다는 각 입장에서 제시하는 변수들을 포괄적으로 살펴보는 방식을 도입한다. 이는 기존의 이론적 연구가 보여준 한계들을 반복하는 위험을 피하기 위한 시도로 볼 수 있으며, 측정 가능한 변수들을 종합적으로 살펴봄으로써 분석의 편향을 피할 수 있다고 여겨지기 때문이다.

역사적 사례의 연구는 유형별로 대표성을 보여주는 국가인 미국과 스웨덴을 선정했으며, 일본에 대한 연구는 일본 사회보장제도가 보여주는 한국과의 유사성 및 영향력을 감안했다. 사례연구는 연금모델의 이론적 타당성을 확인하는 작업인 동시에 구체성을 보강하는 작업의 일환으로 볼 수 있다

한편 한국의 연금제도와 관련하여 본 연구가 제공할 수 있는 시사점은 다음과 같다.

먼저 한국의 연금제도를 평가하고 방향을 제시할 수 있는 기준을 제공할 수 있을 것이다. 기존에 진행된 연금제도에 대한 논의는 연금재정-재정적자-을 둘러싼 대책마련에 집중되는 경향이 있었으며, 제도의 개별적 요소들에 대한 부분적 논의에 그치는 경향이 있었다. 반면에 본 연구는 이러한 논의의 협소함에서 벗어나 보다 포괄적으로 한국의 연금제도를 분석하고 개선의 목표와 방향을 제공힐 수 있는 기준과 사례를 세공한나는 의미를 가질 수 있다.

둘째로 연금제도 발전을 추동할 주체와 관련된 논의의 활성화에 기여할 수 있을 것으로 보인다. 한국은 연금제도의 도입과 확산이 이미 일정 정도 이루어져 있는 상황임에도 불구하고, 이에 대한 일관된 지지를 보여주거나 정책결정에 주도적으로 참여하는 집단이나 사회세력이 부재한 상황이다. 반면에 스웨덴의 경우는 연금제도의 발전에 노동계급의 주도적 역할이 일반적으로 확산되어 있으며, 일본의 경우에는 관료의 역할이 그리고 미국의 경우는 연금제도의 실질적 대상인 정치세력화한 노인집단을 통해서 이러한 역할이 수행되고 있다. 이상의 사례는 한국의 연금제도 발전에 대해서 일정한 함의를 갖고 있다고 여겨진다.

셋째로 한국의 연금제도가 나아가야 할 방향을 제시할 수 있다. 가속화되고 있는 인구고령화와 낮은 퇴직연령은 기존의 노인문제를 빠른 시일

내에 중대한 사회적 문제로 등장시킬 것으로 예측된다. 사회보장제도로서의 연금제도는 예견되는 사회적 문제에 대한 예방책으로서의 의미도 갖고 있다고 본다면, 한국의 연금제도의 개선은 당면한 과제라고 할 수 있다. 그러나 이러한 개선이 기존의 관례적인 선전성이나 형식성을 벗어나기 위해서는 연금제도에 대한 포괄적 인식이 필요하다고 여겨지는데, 본 연구는 이에 대한 이론적 지침과 성공적 사례를 일정 정도 제공하고 있다고 볼 수 있다.

마지막으로 본 연구가 갖는 한계는 다음과 같다. 먼저 내용적 분석방식을 통해서 최대한 구체적인 분석과 비교를 시도했음에도 불구하고 일부 국가에서 나타나는 제도체계의 상이함이 갖는 차별성에는 접근하지 못했다. 이는 본 연구의 대상이 갖는 포괄성에 기인하는바, 연구대상의 축소를 통해서 보다 정교한 분석이 가능할 것으로 판단된다. 또한 연금제도의 발전론을 구성하는 데 있어서 장기적인 역사적 과정을 통계적 지표를 사용하여 단순화시킨 발전모델을 구성함으로써 시대적 변화와 단기적 변동을 포착하지 못하는 측면이 있다. 이러한 한계를 사례별 연구를 통해서 보강하려 하였으나 전체 대상에 대한 연구에는 접근하지 못하는 난점을 보여주고 있다. 이러한 단점 역시 연구대상을 구체적인 역사적 시기와 국가로 제한하는 방식을 사용한 후속 연구를 통해서 보완되어 나아갈 수 있을 것이라 여겨진다.

참고문헌

1. 국문자료

고경환 ·계훈방
  1998, 『OECD기준에 따른 우리나라의 사회보장비 산출에 관한 연구』,
    한국보건사회연구원.
고영복 편
  1994, 『사회정책신론』, 사회문화연구소.
고철기 외
  1992, 『노령계층의 소득보장방안 - 정부재정에 의한 소득지원을 중심으
    로』, 보건사회연구원.
김기덕
  1996, "영국의 소득분배 변화에 관한 연구", 『동향과 전망』, 96년 가
    을호.
김기덕, 손병동
  1996, "소득보장정책의 소득 재분배 효과", 『사회복지연구』, 서울대
    사회복지연구소.
김기원
  1995, "사회복지, 경제성장, 소득분배의 상호연계성에 관한 연구", 『
    사회복지연구』, 서울대사회복지연구소.
김상호
  1994, "한국 사회복지운동에 관한 정치사회학적 고찰 - 그람시적 시
    각에서", 경북대학교 사회학과 석사논문.
김수영
  1992, "한일연금제도 전개과정의 비교연구", 부산대학 박사논문.

김수영

　1991, "일본 후생연금제도의 정책형성과정에 관한 연구", 『일본연구논
　　　　총』, 1991년 제5호, 경성대 일본문제연구소.

김연명

　1988, "마르크스주의자의 사회정책발달이론", 『사회정책연구』, 제10집.

김영모

　1991, "한국인의 복지의식 재론", 『사회정책연구』 제13집.

김영순

　1996, 『복지국가의 위기와 재편-영국과 스웨덴의 경험』, 서울대학교
　　　　출판부.

김용택

　1996, "일본노인복지의 동향과 과제", 『노인복지정책연구』, 1996, 봄호.

김용하

　1996, "세대 간 형평성 제고를 위한 국민연금제도의 구조조정 방
　　　　안", 『사회보장연구』, 제12권 제2호, 한국사회보장학회.

김용하, 석재은, 윤석항

　1994, 『국민연금 재정안정화를 위한 구조조정 방안』, 한국보건사회연
　　　　구원.

김정순 외

　1995, 『노인복지법제의 개선』, 한국법제연구원.

김진수, 고영선

　1996, "국민연금과 정년제의 소득연계방안에 관한 연구", 『사회보장연
　　　　구』, 제12권 제2호, 한국사회보장학회.

김태성

　1991, "국민연금의 발전 정도와 결정 요인에 대한 비교분석", 『비교
　　　　사회복지 제1집-복지국가와 사회복지 유형』, 을유문화사.

김태성·성경륭

　1993, 『복지국가론』, 나남출판사.

김하룡 외
  1995,『국민연금 재정안정화를 위한 구조조정 방안』, 한국보건사회연
     구원.
김희자
  1996, "한국 신중간계급 복지태도의 내적 분화", 고려대학교 박사학위
     논문.
나병균
  1996, "서구 사회보장의 위기와 한국 사회보장의 과제",『비교사회복
     지』, 제3집, 한림대학교 사회복지연구소 편.
나혜숙
  1996,『일본 후생연금기금제도연구회의 보고서』, 국회 해외정보 제11호.
문형표, 유일호
  1994, "우리나라 노후소득보장제도의 과제: 공적 연금제도를 중심으
     로",『사회보장연구』, 10권 1호, 한국사회보장학회.
박경숙
  1993, "공적 연금과 사적퇴직급여의 연계: 퇴직순비금 선환에 따른
     과제와 대책",『사회보장연구』, 9권, 한국사회보장학회.
박순일
  1996, "한국복지재정의 실태와 정책확대 방안",『사회보장연구』, 제12
     권 제2호, 한국사회보장학회.
박정호
  1993, "한국과 일본의 연금정책에 관한 비교 패러다임의 모색: 국가
     중심의 관점에서", 성심여대사회과학연구.
박정호
  1994, "사회중심 사회정책발달론에 대한 비판적 고찰: 한일 피용자
     연금의 형성과 관련하여", 성심논문집.
바태환
  1994, "한국에 있어서 실버타운 도입의 문제점과 전망",『사회복지연
     구』, 부산대학교 사회복지학과.

박태룡

1990,『노인복지연구』, 대구대학교출판부.

변광수 외

1995,『복지의 나라 스웨덴』, 외대출판부.

서정갑 외

1994,『미국정치의 과정과 정책』, 나남출판사.

성경륭

1996, "억압으로부터 복지로: 한국의 정치 민주와화 국가-자본의 노동통제전략 변화",『복지정책의 의식과 제도』, 한림과학원 편.

송근원

1996, "분배정책의 정치적 관점", 사회복지연구, 서울대사회복지연구소.

송정부 외

1992,『최근 외국의 사회보장』, 한국보건사회연구원.

송호근

1997,『시장과 복지정치-사민주의 스웨덴 연구』, 사회비평사.

신건희

1997, "우리나라 노인복지정책의 현황과 전망",『한국노년학』, 17호.

신수식

1996, "우리나라 개인연금제도의 문제점",『사회보장연구』, 제12권 제1호, 한국사회보장학회.

안필준

1996, "일본의 무갹출 노령복지 연금제도",『노인복지정책연구』, 1996, 가을.

염재호

1994, "국가정책과 신제도주의",『사회비평』, 제11호.

오근식

1994, "연금제도의 개혁과제와 개선방안",『사회정책연구』, 제16집.

유팔무

1996, "유럽의 사회통합과 사회정책", 『비교사회복지』, 제3집, 한림대
학교 사회복지연구소 편.

원영희

1996, "미국의 노인복지정책 현황 및 미래", 『노인복지정책연구』,
1996, 봄호.

이성기

1996, "사회부조의 유형화에 관한 연구-OECD 국가의 사회부조의
정부 간 관계를 중심으로", 서울대학교 대학원 사회복지학과 박
사논문.

이정숙

1992, "우리나라 노인운동의 진로", 『사회복지연구』, 제4호, 한국사회
보장학회.

이정우

1996, "조기퇴직제도에 대한 국제간 비교와 사회경제적 파급효과-
독일, 영국 그리고 스웨덴을 중심으로", 『비교사회복지』, 제3집,
한림대학교 사회복지연구소 편.

이정욱

1988, "조세와 공공지출 소득 재분배 효과의 측정방법에 관한 연
구", 『사회복지연구』, 중앙대학교 사회복지연구소 편.

이창근

1986, "한·일 퇴직금제도의 비교연구", 『사회정책연구』, 제8집.

이철우

1995, "한국사회의 고령화현상과 사회정책적 대응방안 연구", 고려대
학교 대학원 사회학과 박사학위논문.

이현우

1990, "스웨덴의 노인복지정책", 『노인복지정책연구』, 1006 봄호.

이혜경

　1993, "권위적 자본주의사회에서의 복지국가의 발달: 한국의 경험", 『한국사회복지학』, 통권 21호.

이혜경

　1996, "복지국가의 형성과 전개-미국과 일본의 비교", 『비교사회복지』, 제2집, 한림대학교 사회복지연구소 편.

이호철

　1993, "사회, 국가, 그리고 제도-정치경제의 제도론적 접근", 『한국과 국제정치』, 제9권 제2호, 경남대 극동문제연구소.

　1996, "행위자와 구조, 그리고 제도: 제도주의의 분석수준", 『사회비평』, 제14호.

이희복

　1993, "국민연금정책의 가치지향성에 대한 연구", 영남대학교 행정대학원, 박사학위논문.

장　훈

　1996, "복지국가의 위기와 신보수주의적 대응의 결정", 『비교사회복지』, 제3집, 한림대학교 사회복지연구소 편.

정무권

　1994, "미국의 사회복지정책", 『미국정치의 과정과 정책』, 서정갑 편.

정일용

　1992, 『미국 사회보장제도의 발전과정과 특성』, 국민경제교육연구소.

정경희

　1997, "OECD국가의 노인소득보장정책과 그 시사점", 『한국노년학』, 17호.

정명채

　1996, "농어촌지역 국민연금 실적평가와 개선방향", 『사회보장연구』, 제12권 제2호, 한국사회보장학회.

최경구

　　1991, 『조합주의 복지국가』, 한나래.

　　1998, "세계화와 한국의 사회복지 - 21세기 한국의 '사회적 토대로서
　　　　의 환경복지' 탐색", 한국사회 1998 제1집, 한국사회연구소.

최　균

　　1991, "한국사회복지정책의 구조와 특징", 『동향과 전망』, 1991년 가을호.

최순남

　　1984, 『현대사회와 노인복지』, 홍익제.

최병호

　　1996, "국민연금제도의 농어촌지역 적용의 파급효과와 정착방안", 『
　　　　사회보장 연구』, 제12권 제1호, 한국사회보장학회.

한상근

　　1997, "사회복지정책의 발전에 관한 이론적 모색 - 신제도주의를 중
　　　　심으로", 호원논집, 1997년 제5호.

한상일

　　1997, 『일본전후정치의 변동』, 법문사.

국민연금관리공단

　　1994, 『일본 공적 연금제도의 개요』, 국민연금관리공단.

坂寄俊雄

　　1996, 『日本の社會保障』, 法律文化社.

社會保障運動史編纂委員會 編

　　1982, 『社會保障運動全史』, 勞動旬報社.

日本福祉年監編輯委員會 篇

　　1997, "公的年金 - その現況と 問題點", 『日本福祉年監』, 講座社.

日本全國社會福祉協議會 編

　　1992, 『最近日本の 社會福地動向』, 요정옥 역『최근일본의 사회복지동향』.

井上誠一

  1996, "スウェテンの年金改革", 『季刊年金と雇用, 96. 11』.

2. 영문자료

Aldrich, J.

  1982, "Earnings Replacement Rate of Old-Age Benefits In 12 Countries, 1969-80", *Social Security Bulletin*, 45, 1982.

Andersen, Stephen J.

  1993, *Welfare Policy and Politics in Japan-Beyond the Developmental State*. Paragon House.

Atkinson, A.

  1995, *Incomes and the Welfare State*, Cambridge University Press.

Baldwin, P.

  1990, *The Politics of Social Security*, Cambridge Univ. Press.

Barry, N.

  1985, "The State, Pensions and the Philosophy of Welfare", *Journal of Social Policy*, Vol.14 Part 4, July 1985.

Brittain, J. A.

  1972, *The Payroll Tax for Social Security*(Brooking Institution).

Burkhauser, R.

  1994, "Social security and individual equity", *Journal of Economic Literature*, Vol.XXXII(Dec. 1994).

Cameron, D.

  1978, "The Expansion of the public Economy: A Comparative Analysis", *American Political Review*, Vol.72.

  1984, "Social Democracy, Corporatism, Labor Quiescence and the

Representation of Economic Interest in Advanced Capitalist Societies", in J. Goldthrope(ed.), *Order and Conflict in Contemporary Capitalism*, Oxford University Press.

Carlsson, B.

1995, "Developments in the Swedish Early Retirement Scheme: The Drive Against High Welfare Expenditure and Ill-health", *Journal of Social Policy*, Vol.24 Part 2. October.

Carritte, J. & Willianson, J.

1995, "An Analysis of the Impact of Public Pension Spending on Economic Growth in the Affluent Domocracies 1960-1988" *International Journal of Comparative Sociology*, Vol.26, June.

Castles, F.

1978, *The Social Democratic Image of Society*, London: RKP.

1982, *The Impact of Parties*, Beverly Hills: Sage Publications.

Curtright, P.

1965, "Political Structure Economic Development and National Security Programs", *American Journal of Sociology*, 70, 1965.

Daatland, S. O.

1994, "Recent Trends and Future Prospects for the Elderly in Scandinavia", *Journal of Aging & Social Policy*, Vol.6(1/2).

Davis, E. Philip.

1995, *Pension Funds – Retirement-Income Security, and Capital Markets, An International Perspective*, Clarendon Press.

Disney, R.

1996, *Can We Afford to Grow Older?*, The MIT Press.

Espina, A.

1996, "Reform of pension schemes in the OECD countries", *International Labor Review*, Vol.135, 1996, No.2.

Esping-Andersen, G., & Korpi W.

    1985, *Politics against Markets*, Princeton Univ. Press.

    1987, "From Poor Relief to Institutional Welfare States: The Development of Scandinavian Social Policy", R. Erickson, E. Jorgen-Hanssen, S. Rinen and H. Uustitalo(eds.), *The Scandinavian Model*, M. E. Sharpe.

    1990, *The Three Worlds of Welfrae Capitalism*, Polity Press.

    1996, (ed.) *Welfare States in Transition*, SAGE Publications.

Flora, P.

    1985, "On the History and Current Problems of the Welfare States". in S. N. Eisinstadt and Ora Ahimeir(eds.), *The Welfare State and Its Aftermath*, Croom Helm.

Flora, P., & Heidenheimer, A.(eds.)

    1984, *The Development of Welfare State in Europe and America*, Transaction Books.

Fox, A.

    1982, "Earnings Replacement Rates and Total Income: Findings From the Retirement History Study", *Social Security Bulletin*, Oct. 1982, Vol.45, No.10.

Frizell, J.

    1991, "The Gap between Market Rewards and Economic Well-Being in Modern Societies", Stokholm Univrsity, SISR, reprint series No.319.

George, V., & Wilding, P.

    1985, *Ideology and Social Welfare*, Routledge & Kegan Paul 『이데올로기와 사회복지』, (남찬섭 역), 한울아카데미.

Ghilarducci, T.

    1992, *Labor's Capital*, The MIT Press.

Ginsburg, N.

  1992, *Divisions of Welfare: A Critical Introduction to Comparative Social Policy*, London: Sage.

Goodman, R., & Peng I.

  1996, 'The east asian welfare states: Peripatetic learning, adaptive change, and nation-building', in Esping-Andersen(ed.) *Welfare States in Transition*, SAGE Publications.

Gordon, M. S.

  1988, *Social Security Policies in industrial countrise*, Cambridge University Press.

Gough, I.

  1981, *The Political Economy of the Welfare State*, The Macmillan Press, 『복지국가의 정치경제학』, (김연명·이승욱 역) 한울.

Gunsteren, H. & Rein, M.

  1985, "The Dialectic of Public and Private Pensions", *Journal of Social Policy* Vol.14 Part 2, July 1985.

Gustafsson, A.

  1988, *Local Government in Sweden*, Stockholm: The Swedish Institute.

Hair, J., Rolph, E., and William, C. Black.

1995, *Multivariate Data Analysis*, Fourth Edition, (Prectice Hall: Englwood Cliffs, NJ).

Heclo, H., & Madsen, H.

  1987, *Policy and Politics in Sweden: Principled Pragmatism*, Temple Univ. Press.

Heidenheimer, A. J., Heclo, H. and Adams, C. T.

  1983, *Comparative Public Policy*, St. Martino.

Higgins, J.

1981, *States of Welfare: Comparative Analysis in Social Policy*, (Oxford: Basil Blackwell&Martin Robertson), 최선화, 이혜경 역, 『비교사회정책론』, 대영문화사(1985).

Holloway, J., & Picciotto, S.(ed)

1978, *State and Capital*, London: Edward Arnold Ltd.

Hugman, R.

1995, "The Implication of the Term 'Elder Abuse' for Problem Definition and Response in Health and Social Welfare", *Journal of Social Policy*, Vol.23 Part 4, October 1995.

Iyer, S.

1993, "Pension reform in Developing countries", *International Labor Review*, Vol.132, 1993, No.2.

Jessop, B.

1991, "Thatcherism and Flexibility: The White Heat of a Post-Fordist ReVolution", *The Politics of Flexibility: Restructuring State and Industry in Britain, Germany and Scandinavia.* Aldershot: Edward Elgar.

Jensen, J., & Mahon, R.

1993, "Representing Solidarity: Class, Gender and the Crisis in Social-Democratic Sweden", *New Left Review* 201.

Kangas, O., & Palme, J.

1991, "The Public-Private Mix in Pension Policy", *International Journal of Sociology* 20(3).

Kassner, E.

1992, "The Older Americans Act: Should Participants Share in the Cost of Service?", *Journal of Aging & Social Policy*, Vol.4(1/2).

Korpi, W.

1978, *The Working Class in Welfare Capitalism*, Routldge and Kegan Paul.

Laczko, F., Dale A., Arber S. and Gilbert N.

1988, "Early Retirement in a Period of High Unemployment", *Journal of Social Policy*, Vol.17, Part 3, July 1988.

Lawrence, H., & Melissa, H.

1997, "Perceived Income Adequacy Among Older Adults", *Research on Aging*, Vol.19, No.1, March 1997.

Liebig, P.

1992, "Federalism and Aging Policy in the 1980's: Implications for Changing Interest Group Roles in the 1990s", *Journal of Aging & Social Policy*, Vol.4(1/2).

Lockhart, C.

1984, "Explaining Social Policy Differernces Among Advanced Industry Societies", *Comparative Politics*, Vol.16, 1984.

Meyer, D., & Bartolomei-Hill, S.

1994, "The Adequacy of Supplemental Security Income Benefits for Aged Individuals and Couples", *The Gerontologist*, Vol.34, No.2.

Miller, L.

1976, "The Structural Determiniants of the Welfare Effort: A Critique and a Contribution". *Social Service Review*, Vol.50.

Mishra, R.

1986, "Social Analysis and the Welfare States: Retrospect and Prospect". Owen, Else(ed.), *Comparing Welfare States and their Futures*, Gower.

Munncll, A. H.

1975, *The Future of Social Security*, The Brookings Institution.

Myles, J.

   1984, *Old Age in the Welfare State*. Boston: Little, Brown. 『복지
국가의 노년』, (김혜순 역), 한울.

   1996, 'When market fail: Social welfare in Canada and the United
Staes', in Esping-Andersen(ed.) *Welfare States in Transition*,
SAGE Publications.

Myles, J., & Quadagno, J.(ed).

   1991, *States Labor Markets, and the Future of Old-Age Policy*,
Temple Univ. Press.

Olsson, S. E.

   1989, "Working-Class Power and the 1946 Pension Reforms in
Sweden", Stockholm University, SISR, reprint series, No.261.

   1990, *Social Policy and Welfare States in Sweden*, Akiv forlag.

O'Reilly, P., & Caro, F.

   1994, "Productive Aging; An Overview of the Literature", *Journal
of Aging & Social Policy*, Vol.6(3) 1994.

Ozawa, M.

   1974, "Individual Equity Versus Social Adequacy in Federal
Old-Age Insurance", *Social Service Review*, 48, 1974.

Pampel, F. C., & Williamson, J. B.

   1985, "Age structure, ploitics, and cross-national patterns of public
pension expenditure", *American Sociological Review*, 50.

Pemberton A.

   1983, "Marxism and Social Policy: a critique of the 'contradiction
of welfare'", *Journal of Social Policy*, Vol.12, Part 3, July
1983.

Quadagno, J.

   1988, *The Transformation of Old Age Security-Class and Politics in the American Welfare State*, The Univ. of Chicago Press.

Rainwater, L., Rein, M., & Schwartz, J.

1986, *Income Packaging in the Welfare State*, Clarendon Press. Oxford Rajnes. M. D & Turner J. A.

1996, "Retirement Income System Reform in Central and Eastern Europe" *Benefits Quarterly*, First Quater 1996.

Rejda, G. E.

1984, *Social Insurance & Economic Security*, Prentice Hall.

Sheppard, H. & Mullins, L.

1989, "A Comparative Examination of Perceived Income Adequacy Among Young and Old in Sweden and the United States", *Aging and Society*, 1989.

Skocpol, T.

1982, "State Formation and Social Policy in the United States", *The American Behavioral Scientist*, Vol.35, Mar/June.

1992, "State Formation and Social Policy in the United States" *The American Behavioral Scientist*, Vol.35, Mar/June 1992.

1992, *Protecting Soldiers and Mothers – The Political Origins of Social Policy in the United States*, The Belknap Press of Havard University Press.

Smeeding, T., O'Higgins M., & Rainwater, L., (ed).

1990, *Poverty, Inequality and Income Distribution in Comparative Perspective*, The Urban Institute Press.

Stein, B.

1980, *Social Security and Pensions in Transition*, The Free Press.

Stephens, J. D.

1988, *The Transition from Capitalism to Socialism*, University of Illinois Press.

1996, "The Scandinavian welfare states: Achievements, crisis, and prospects", in Esping-Andersen(ed.), *Welfare States in Transition*, SAGE Publications.

Taylor-Gooby, P.

1994, "Postmodernism and Social Policy: A Great Leap Backwards?", *Journal of Social Policy*, Vol.23 July 1994.

Therborn, G.

1991, "Sweden", in Gough(ed.), *Can the Welfare State Compete?*, Macmillan.

Titmuss, R.

1974, *Social Policy: An Introduction*, George Allen & Unwin Walters.

Weir, M., Orloff, A., & Skocpol, T.

1988, "Understanding American Social Politics", in Weir, Magaret, Ann Shola Orloff and Theda Skocpol(ed), *The Politics of Social Welfare in the United States*, Princeton: Princeton University.

Wilensky, H.

1975, *The Welfare State and Equality* University of California press.

3. 기관자료

E.C.

1993, Old Age Replacement Rations, European Communities, 1993.

I.L.O.

1989, *The Cost of Social Security*, International Labor Office.

I.L.O.

1990, *From pyramid to pillar*, International Labor Office.

I.L.O

1990, *The Cost of Social Security:* Fourteenth International Inquiry, 1987-89, International Labor Office.

OECD

1976, *Public Expenditure on Income Maintaining Programing*(Paris: OECD).

1985, *Social Expenditure 1960-1980*(Paris: OECD).

1993, *Employment Outlook*, July(Paris: OECD).

1994, *New Orientation for Social Policy, Social Policy Studies* No.12(Paris: OECD).

1994, *Economic Surveys: Sweden*(Paris: OECD).

1996, *Social Expenditure Statistics of OECD Members Countries.*

U.S. Social Security Adminstration.

1997, *Social Security Bulletin*, Vol.60, No.3, 1997.

U.S. Department of Health and Human Services.

1990, *Social Security Programs Throughout the World－1989*, U.S. Government Printing Office.

1998, *Social Security Programs Throughout the World－1997*, U.S. Government Printing Office.

4. 인터넷 자료

OECD(Kohl R. and O'Brien P.)

1998, "The Macroeconomics of Ageing, Pensions and Savings, (http://www:Oecd.org/subject/ageing/awp1__1.pdf)

OECD(Hviding K. and Merette M.)

  1998, "Macroeconomic Effects of Psnsion Reforms in the Context
of Ageing Populations",

  (http://www:Oecd.org/subject/ageing/awp1__2.pdf)

OECD(Hividing Ketil)

  1998, "Macroeconomic Effects of Pension Reforms in the Context
of Ageing Populations: Overlapping Generations Model
Simulations for Seven OECD Countries",

  (http://www:Oecd.org/subject/ageing/awp1__3.pdf)

OECD(Blondal S. and Scarpetta S)

  1998, "The Retirement Decision in OECD Countries"

  (http://www:Oecd.org/subject/ageing/awp1__4.pdf)

OECD(Quinn J., Burkhauser R., Cahill K. and Weathers R.)

  1998, "Microeconomic Analysis of the Retirement Decision: United
States", (http://www:Oecd.org/subject/ageing/awp1__5.pdf)

OECD(Gruat Victor)

  1988, "Adequacy and Social Security Princeples in Pension Reform"
(http://www:Oecd.org/subject/ageing/awp3__1.pdf)

OECD(Hauser Richard)

  1998, "Adequacy and Poverty among the Retired"
(http://www:Oecd.org/subject/ageing/awp3__2.pdf)

OECD(Cichon M. and Latulippe D.)

  1998, "Comprehensive Quantitative Modelling for a Better Pension
Strategy"(http://www:Oecd.org/subject/ageing/awp3__6.pdf)

OECD(Borsch-Supan Alex)

  1998, "Retirement Income: Level, Risk, and Substitution among
Income Components"

  (http://www:Oecd.org/subject/ageing/awp3__7.pdf)

OECD(Turner John)

　1998, "Retirement Income Systems for Different Economic,
　　　Demographic and Political Environments",
　　　(http://www:Oecd.org/subject/ageing/awp3__8.pdf

OECD(Blondal S. and Scarpetta S.)

　1998, "The Retirement Decision in OECD countries"
　　　(http://www:Oecd.org/eco/eco.)

OECD

　1998, "Demography", Labor Force Statistics: 1976-1996,
　　　(http://www.oecd.org/publications/figures/demo__a.pdf)

<부 록>

Ⅰ. 사회적 적절성 및 재분배성의 지수화를 위한 척도화 과정

1. 사회적 적절성

1) 소득 대체율

① 상층－평균소득보다 2배 이상의 소득－의 40년 기여 시 자신의 소득에 대한 연금액의 대체율: 점수＝등급×2

등 급	기준(%)	등 급	기 준
10	89＋	5	39-48
9	79-88	4	29-38
8	69-78	3	19-28
7	59-68	2	9-18
6	49-58	1	0-9

② 중간층－평균소득층 40년 기여 시 자신의 소득에 대한 연금액의 대체율: 점수＝등급×3

등 급	기준(%)	등 급	기 준
10	89＋	5	39-48
9	79-88	4	29-38
8	69-78	3	19-28
7	59-68	2	9-18
6	49-58	1	0-9

③ 하층(4) – 평균소득의 2/3 이하인 계층의 40년 기여 시 자신의 소득
에 대한 연금액의 대체율: 점수＝등급×4

등 급	기준(%)	등 급	기 준
10	79＋	5	39-46
9	71-78	4	31-38
8	63-70	3	23-30
7	55-62	2	15-22
6	47-54	1	8-14

2) 슬라이드제도

등 급	기 준
10	임금과 물가 변화에 따른 자동적 조정
9	임금에 따른 연 1-2회의 자동적 조정
8	물가에 따른 연 1-2회의 자동적 조정
6	매년 조정
5	연 1회 미만의 조정
2	임의적 조정

3) 적용대상의 보편성

등 급	기 준
10	보편적 연금제도(100%)
9	노동자/특수 계층/자영업자(95% – 100)
8	노동자/특수 계층/자영업자(– 95%)
6	노동자
5	일부 계층만

4) 수급자격의 유연성

① 소득 및 자산조사

등 급	기 준
10	소득 및 자산조사에 의거하지 않는 보편적 연금
8	소득 및 자산조사에 의거한 추가연금 지급
5	소득 및 자산조사 후에 연금지급

② 수급연령에 대한 규정의 유연성

등 급	기 준
10	남자 65세, 여자 60세 이후 또는 35년간의 적립 이후
8	3-5년 조기퇴직에 따른 급여 가능
5	조기퇴직 방안 어려움
1	조기퇴직 방안 없음

③ 수급조건으로서 퇴직을 요구하는 정도

등 급	기 준
10	퇴직이 필요 없음
8	유연퇴직 시에 급여가 일부 삭감되는 경우
6	유연퇴직 시에 일부급여만 존재하는 경우
3	퇴직이 필요한 경우

2. 재분배성

1) 정부의 지원

등 급	기 준
10	12% 이상
9	11% 이상
8	10% 이상
7	9% 이상
6	8% 이상
5	7% 이상
4	6% 이상
3	5% 이상
2	4% 이상
1	4% 이하

2) 기여구성방식

등 급	기 준
10	비보험자 무부담, 정부와 고용자 분담
9	피보험자 무부담, 정부가 전담
8	사용자 부담비율이 피고용자의 2배 이상
7	피보험자/사용자 부담비율이 50-80% 사이
6	피보험자/사용사 부담비율이 80-90% 사이
5	동일비율의 부담인 경우
4	

3) 급여구성방식

(하위소득층의 급여 대체율*1.5) + (하위소득층의 급여 대체율/중간소득층의 급여 대체율)

등 급	기 준	등 급	기 준
10	120% +	5	95-99%
9	115-119%	4	90-94%
8	110-114%	3	85-89%
7	105-109%	2	80-85%
6	100-104	1	79%-

4) 임금 상한액

등 급	기 준
10	소득 상한액을 실시하지 않는 경우
9	소득 상한액이 평균소득의 2.5배 이상인 경우
8	소득 상한액이 평균소득의 2.25-2.5배인 경우
7	소득 상한액이 평균소득의 2-2.25배인 겨우
6	소득 상한액이 평균소득의 1.75-2배인 경우
5	소득 상한액이 평균소득의 1.5-1.75배인 경우
4	소득 상한액이 평균소득의 1.25-1.5배인 경우
2	소득 상한액이 평균소득의 1-1.25배인 경우

· 저자 ·

김철주　　· 약 력 ·
(金哲主)

고려대학교 대학원 사회학 석사
고려대학교 대학원 사회학 박사
성균관대학교 대학원 사회복지학 박사수료
고려대학교, 건국대학교, 동국대학교,
배재대학교 사회복지학과/사회복지대학원 강사
한국사회복지정책학회 이사
순천제일대학 사회복지과 전임강사
국회도서관 입법조사분석실 입법조사 2과 사회복지담당 연구관
서울디지털대학교 사회복지학부 교수

· 주요논저 ·

『새로운 사회적 위험의 도래에 따른 노인복지 환경의 변화와 과제 -장기요
양보험과 연금크레딧을 중심으로-』
『새로운 사회적 위험의 도래와 복지국가의 현대화』
『The Study on Transformation of Structure and Orientation of Family
Welfare in Korean Family』
『복지체제의 유형화에 관한 일 연구 - 탈가족화와 탈상품화를 중심으로』
『복지체제론의 관점에서 살펴본 노후소득보장의 변화』
『연금제도의 재분배성에 대한 국가별 비교연구』
『국가정보화백서 2005』
『한국의 소수자, 실태와 전망』
『종교사회복지실천론』
외 다수

본 도서는 한국학술정보(주)와 저작자 간에 전송권 및 출판권 계약이 체결된 도서로서, 당사와의
계약에 의해 이 도서를 구매한 도서관은 대학(동일 캠퍼스) 내에서 정당한 이용권자(재적학생 및
교직원)에게 전송할 수 있는 권리를 보유하게 됩니다. 그러나 다른 지역으로의 전송과 정당한 이
용권자 이외의 이용은 금지되어 있습니다.

연금제도의 변증법
- 재분배성과 사회적 적절성

· 초판 인쇄　2006년 7월 20일
· 초판 발행　2006년 7월 20일

· 지 은 이　김철주
· 펴 낸 이　채종준
· 펴 낸 곳　한국학술정보㈜
　　　　　　경기도 파주시 교하읍 문발리 526-2
　　　　　　파주출판문화정보산업단지
　　　　　　전화　031) 908-3181(대표)·팩스　031) 908-3189
　　　　　　홈페이지　http://www.kstudy.com
　　　　　　e-mail(e-Book사업부)　ebook@kstudy.com
· 등　　록　제일산-115호(2000. 6. 19)
· 가　　격　24,000원

ISBN　89-534-5412-3 93330 (Paper Book)
　　　　89-534-5413-1 98330 (e-Book)